edition suhrkamp 2592

Wie kann man die Realität begreifen, wenn schon ihre Begriffe nicht mehr begriffen werden? Das Eigentümliche an großen Begriffen wie »Demokratie«, »Arbeit«, »Religion«, »Kultur« oder »Europa« ist, dass sie einer permanenten Banalisierung unterworfen sind: Sie wurden zu bloßen Worten, die jeder im Munde führt, die aber nichts mehr bedeuten. Robert Menasse unternimmt dagegen eine permanente Revolution der Begriffe und zeigt: Die Welt steht auf dem Kopf, wenn wir die Begriffe wieder auf die Füße stellen. Die Begriffe haben recht – wir wissen es nicht, aber wir verwenden sie …

Robert Menasse, geboren 1954 in Wien, lebt als Romancier und Essayist in Amsterdam und Wien. Zuletzt erschienen *Die Zerstörung der Welt als Wille und Vorstellung. Frankfurter Poetikvorlesung*en (es 2464), der Roman *Don Juan de la Mancha* (st 4040) und *Ich kann jeder sagen. Erzählungen vom Ende der Nachkriegsordnung* (2009).

Foto: Brigitte Friedrich

Robert Menasse
Permanente Revolution
der Begriffe

Vorträge zur Kritik
der Abklärung

Suhrkamp

edition suhrkamp 2592
Erste Auflage 2009
© Suhrkamp Verlag Frankfurt am Main 2009
Originalausgabe
Alle Rechte vorbehalten, insbesondere das
der Übersetzung, des öffentlichen Vortrags sowie der
Übertragung durch Rundfunk und Fernsehen,
auch einzelner Teile.
Kein Teil des Werkes darf in irgendeiner Form
(durch Fotografie, Mikrofilm oder andere Verfahren)
ohne schriftliche Genehmigung des Verlages reproduziert
oder unter Verwendung elektronischer Systeme
verarbeitet, vervielfältigt oder verbreitet werden.
Satz: TypoForum GmbH, Seelbach
Druck: Druckhaus Nomos, Sinzheim
Umschlag gestaltet nach einem Konzept
von Willy Fleckhaus: Rolf Staudt
Printed in Germany
ISBN 978-3-518-12592-2

1 2 3 4 5 6 – 14 13 12 11 10 09

Permanente Revolution
der Begriffe

Inhalt

Arbeit

1. Vortrag: Arbeit, Freiheit und Wahn 11

Religion

2. Vortrag: Landnahme und Erlösung.
Die Kapitalismusreligion 26

Europa

3. Vortrag: EUtopia 43

Demokratie

4. Vortrag: Die Durchflutung aller Lebensbereiche
mit Demokratie, die versickert 57

Öffentlichkeit

5. Vortrag: Strukturwandel der Innerlichkeit
der Öffentlichkeit 69

Kultur

6. Vortrag: Kultur und Barbarei *oder*
Wovon wir reden und nicht reden, wenn wir
von Kultur reden 82

Sucht

7. Vortrag: (Kunst und) Sucht 98

Kritik

8. Vortrag: Kritik der Sonntagsrede 110

Arbeit, Freiheit und Wahn

Sehr geehrte Damen und Herren!

Arbeit ist ein Verhängnis.
Diesen ersten Satz, der noch nicht unbedingt etwas bedeuten muss, brauchte ich aus zwei Gründen: erstens, weil man immer einen ersten Satz braucht, und zweitens, weil ich seit Stunden einen zweiten Satz habe, der aber leider nicht als erster Satz taugt. Ich brauchte also nicht nur wie immer einen ersten Satz, was schon kompliziert genug ist, sondern einen, der zu einem ganz bestimmten zweiten Satz hinführt. Nun führt allerdings jeder erste Satz zum zweiten Satz, zumindest erscheint uns das im Normalfall so, aber ich glaube mit einigem Recht vermuten zu dürfen, dass Sie sich noch nie mit der Frage auseinandergesetzt haben, was es bedeutet, die Arbeitslogik auf den Kopf stellen zu müssen: also einen ersten Satz zu finden, der dem zweiten so entspringt, dass er ihm vorangestellt werden kann, auf eine Weise, dass Sie dann glauben, dass es der zweite ist, der logisch dem ersten entspringt.
Ich habe – wie gesagt – Stunden damit zugebracht, Arbeitsstunden, nach denen ich aber kein Arbeitsprodukt vorweisen konnte.
Ist das korrekt? Kann man all die Stunden als Arbeitsstunden bezeichnen, in denen nicht einmal das Produkt »erster Satz« hergestellt wurde? Man kann diese Stunden zweifellos im vordergründigen Sinne meines ersten Satzes als »Verhängnis« bezeichnen, aber nicht als Arbeit. Warum? Nicht

deshalb, weil nichts produziert wurde, sondern deshalb, weil man diese Stunden nicht einrechnen kann in die Zeit, die es im gesellschaftlichen Durchschnitt braucht, einen Satz zu schreiben oder schreiben zu lassen, der einigermaßen im Kontext von Ort, Zeit und Anlass funktioniert. Kein Mensch, der eine wichtige und richtige Arbeit hat, kann es sich leisten, einen halben Tag mit nichts anderem zuzubringen als damit, *keinen* ersten Satz zu schreiben, nur deshalb, weil er eingeladen wurde, »ein paar Worte zu sagen«.

Aus diesem Grund gilt in der Arbeitstheorie nicht die Zeit, die man für eine Arbeit benötigt hat, sondern nur die dafür »gesellschaftlich notwendige Arbeitszeit« als Arbeitszeit. Was natürlich heißt, dass die vielen Stunden, die ich nun gearbeitet habe, ohne dass sie gesellschaftlich notwendig waren, keine Arbeit darstellen. Wenn dieser Text im Netz erscheint, werden spätestens jetzt, also nur wenige Minuten nach Beginn der Lektüre, die ersten Poster erste Posting-Sätze mit einer Leichtigkeit, die sich von selbst versteht, schreiben können, etwa »Richtig: Menasse gesellschaftlich nicht notwendig!« und dergleichen. Und sie werden in ihrem glücklichen Hohn natürlich nicht begreifen, dass sie sich selbst dabei verhöhnen, weil sie damit hinausposten in die Welt, dass sie selbst nur ihre eigene verblödende Fronarbeit in braver Unterwürfigkeit unter die Marktgesetze für gesellschaftlich notwendig halten, also ihre Unfreiheit, und dass sie, wie schon oft beschrieben, aber von ihnen nicht gelesen, die freiwillige Zustimmung zu ihrer Unfreiheit mit Freiheit verwechseln. Oder es wird ein katholischer Pater aus einem berühmten österreichischen Stift, also ein Prediger der Liebesreligion, wieder einmal einen hasserfüllten Leserbrief schreiben, weil ich seine Schäfchen verwirre, statt sie, so wie er, zu scheren. Oder es wird ein berühmter Anwalt mit einer noblen Anwaltsadresse in Wien seine Sekretärin zum Diktat rufen und ohne Umschweife in wenigen Sekunden, die Fingerkuppen seiner Hände bedächtig aneinandergelegt, die Formulierung finden, dass er sich in der von ihm abonnierten Zeitung Artikel von mir verbiete, und die Sekretärin wird das tippen, ohne seine unfreiwillig komische Formulierung (»sich« kann er ja »verbieten«, was er will, ohne einen Leserbrief zu schreiben) zu korrigieren, weil er hat es so gesagt und dann hat er es auch unterschrieben, er hat ja sehr viel zu unterschreiben, der Herr Doktor, er ist ja geradezu ein Unterschriftsteller. Es werden also nur wegen meiner vielen Stunden des Nicht-Schreibens viele Sätze produziert werden – und auch hier: weit und breit niemand, der gearbeitet hat. Mit einer einzigen Ausnahme. Die Sekretärin. Sie ist die einzige in diesem Feld, in dem wir uns jetzt bewegen, von der wir ohne Zweifel sagen können, dass sie, als sie schrieb, gearbeitet hat. Und dann geht sie nach Hause, und ihr Mann oder ihre Freundin fragt sie, wie ihr Tag gewesen sei, und sie sagt: Scheiße! Was ein Indiz dafür wäre, dass das Denken, wenn überhaupt, tatsächlich erst nach der Arbeit einsetzt.

Oder aber das Denken ist vor der Arbeit oder statt der Arbeit möglich – wie eben in meinem Fall: Ich habe jetzt also doch einen ersten Satz geschrieben, ich habe den bereits angekündigten zweiten Satz vorbereitet, dabei habe ich, wie wir gesehen haben, nicht gearbeitet (nicht im Sinn des Begriffs »Arbeit«), aber ich habe mir schon einiges dabei gedacht. Und zwar so, dass der nun folgende zweite Satz nicht nur gut abgeleitet, sondern gleich auch formal und inhaltlich bestätigt ist. Er lautet: »Noch das äußerste Bewusstsein vom Verhängnis droht zum Geschwätz zu entarten.«

Was könnte nun also das äußerste Bewusstsein vom Verhängnis sein, das die Arbeit darstellt? Man kann die Frage auch so stellen: Was ist das äußerste Verhängnis, das uns im Zusammenhang mit Arbeit bewusst ist? Das ist zweifellos (behaupte ich) der Satz »Arbeit macht frei« über den Toren der nationalsozialistischen Konzentrationslager (mit Ausnahme des KZ Buchenwald). Und was ist nun das äußerste Bewusstsein, das wir in Hinblick auf dieses äußerste Verhängnis haben können? Erstens: Dieser Satz war, entgegen den landläufigen Vorstellungen, von den Nazis *nicht* zynisch gemeint. Und zweitens: Wir Nachgeborenen haben uns, entgegen allen Geschwätzes in den Sonntagsreden, noch immer nicht von diesem Satz befreit, von seiner Bedeutung und seinen Konsequenzen – und zwar deshalb, weil wir nicht diesen Satz, sondern allein die vermeintlich zynische Verwendung dieses Satzes durch die Nazis als Skandal ansehen.

Ideologiegeschichtlich taucht dieser Satz erstmals bei den frühen Therotikern des Sozialismus auf, mit ihm die Vision einer Gesellschaft, in der die Arbeit nicht Fron, sondern selbstbestimmt und dadurch die notwendig produktive Seite der Freiheit ist. Karl Marx machte aus dieser Vision ein Geschichtsziel: Wird die Arbeiterklasse sich ihrer selbst bewusst, wird sie die Freiheit aller herstellen. Arbeit im Bewusstsein ihrer selbst, also Arbeit *an und für sich*, ist nichtentfremdete Arbeit, und diese – lesen Sie Marx, etwa die Stelle »Gesetzt, wir hätten als *Menschen* produziert« in den Pariser Manuskripten von 1844 – macht frei.

Diese Utopie wurde bald von völkischen Ideologen übernommen und uminterpretiert: etwa 1872 vom deutschnationalen Autor Lorenz Diefenbach, der einem Roman diesen Titel gab, in dem er eben nicht klassen-, sondern rassenbewusstes Schaffen als die Voraussetzung dafür preist, die

Anlagen eines Volkes zu entfesseln und damit jeden einzelnen zu befreien. 1922 druckte der antisemitische »Deutsche Schulverein Wien« Beitrittsmarken mit der Aufschrift »Arbeit macht frei« – die sich aber keineswegs zynisch an die Juden, sondern tatsächlich emphatisch als Versprechen an die eigenen Volksgenossen richtete. Man muss ja nur die Broschüren des Schulvereins nachlesen, in denen immer wieder das Hohelied nicht-entfremdeter Arbeit gesungen wurde: »nicht-entfremdete Arbeit« wurde als jene Arbeit definiert, die im Bewusstsein der rassischen Vorzüge die objektiven Erfordernisse der Nation erfüllt. Das mit der Rasse ist »typisch für den damaligen Zeitgeist«, aber so richtig bedrückend ist erst die Tatsache, dass diese Idee, es könne eine Form der Arbeit geben, die in gesellschaftlichen Abhängigkeitsverhältnissen besteht und dabei nicht-entfremdet ist, heute ungebrochen weiterlebt und Grundlage von moderner Arbeitsmarktpolitik ebenso wie von zeitgeistigen individuellen Lebensentwürfen ist. Denn nichts anderes glaubten und glauben heute anständige Sozialisten, die Alternativen ebenso wie moderne Bobos (bourgeoise Bohemiens), aber nichts anderes glaubten eben auch die SS-Kommandanten, die den Satz »Arbeit macht frei« über den Toren der Konzentrationslager anbringen ließen.

Es ist lehrreich, die autobiografischen Aufzeichnungen des ersten Kommandanten des KZ Auschwitz, Rudolf Höß, zu lesen. Doppelt lehrreich: erstens im Hinblick darauf, wie er selbst seine »Arbeit« erklärt und wie er seinen »Leitspruch«, nämlich »Arbeit macht frei«, in einem eigenen Kapitel seiner Autobiografie interpretiert. Und zweitens, im Hinblick darauf, wie wir damit umgehen und aus der Wahrheit, die er ganz bereitwillig gesteht, eine ganz andere Wahrheit machen, mit der erst wir leben können. »Rudolf Höß war nicht zu stoppen«, berichteten die Männer, die ihn nach seiner Verhaftung verhörten. Er, der für das Priesteramt ausersehen gewesen war, stand unter Beichtzwang. Seine Aufzeichnungen schrieb er in der Zelle, wissend, dass er gehenkt werden wird, er machte sich nichts vor und schrieb ohne Zynismus. Das und nichts anderes ist so unerträglich, wenn wir dieses Kapitel lesen, in dem der Auschwitz-Kommandant den Satz »Arbeit macht frei« erklärt. Ohne den Zynismus des entmenschten Massenmörders und hier auch ohne die Larmoyanz des um Verständnis bettelnden »Opfers« von Milieu, Zeitgeist und Befehlsstruktur erklärt er, was er wirklich und wahrhaftig geglaubt hatte: Arbeit macht frei. Ja! Ehrlich! Wirklich! Wenn sich individuelle Fähigkeiten, die Ansprüche und Sehnsüchte jedes Einzelnen mit übergeordneten sozialen und gesellschaftlichen Notwendigkeiten (diesfalls: Volk, Nation und Reich) bündeln, dann ist Freiheit und Selbstbestimmung möglich. Wenn sich ein gleichsam naturgeschichtlicher Zwang (diesfalls: der Kampf der Rassen um die Ressourcen der Welt) mit der Selbsterkenntnis der menschlichen Natur verbündet, dann ist die Resultante die Freiheit in der Herrschaft über Welt und Natur. Diese Arbeit fordert Opfer, aber am Ende ist nur dies geopfert: das Art- und Wesensfremde, und errungen ist: die Freiheit. Diese ist auch die Freiheit, am Ende des Tages »Scheiße« sagen zu können. Nüchtern und gewissenhaft beschreibt Höß seine Karriere innerhalb der SS und seinen »Arbeitsalltag« in verschiedenen Konzentrationslagern. Er erwähnt Probleme mit seinem »Arbeitgeber«, kritisiert unfähige Vorgesetzte und erfährt Schwierigkeiten in der Materialbeschaffung. Aber es ist Arbeit. Normale Arbeit. Mit einer ganz normalen fixen Idee: der selbstbestimmten Arbeit.

Höß zu lesen ist deshalb so unerträglich, weil er, der in seinem Prozess natürlich auch wie jeder andere auf »Befehlsnotstand« plädiert hatte, in diesen abgeklärten Aufzeichnungen vor seinem Tod die Apotheose des Gehorchens in eine Utopie der Freiheit kippen lässt. In eine Freiheit, die nur durch blinde Bejahung seiner Arbeit hergestellt werden kann. Die von Hannah Arendt im Eichmann-Prozess diagnostizierte »Banalität des Bösen« ist diesfalls kein Produkt bloß der Mechanismen einer Bürokratie, die jeden Einzelnen von der Verantwortung befreit, die am Ende doch alle gemeinsam haben. Sondern Folge einer grundsätzlichen »Theorie der Arbeit«, die, mit etwas anderen Variablen in derselben Gleichung, auch unsere heutige Theorie der Arbeit ist. Sie wissen sehr genau, was Sie heute bei »übergeordneten sozialen und gesellschaftlichen Notwendigkeiten« statt »Volk, Nation und Reich« einsetzen müssen, Sie wissen natürlich, was heute bei »naturgeschichtlicher Zwang« in der Gleichung eingesetzt werden muss, es ist ziemlich unerheblich – solange es die Höß'sche Formel bleibt. Und es ist unerheblich, dass Sie sich von historischen Verbrechen distanzieren, solange Sie mit den Verbrechern die Utopie teilen, nämlich dass das, was Sie Arbeit nennen, Sie zu einem Mitglied einer Gesellschaft macht, die sich frei nennt. Es ist unerträglich, Stunden und stundenlang sich auszumalen, was es *bedeutet,* dass die Mehrheit der Menschen auch und erst recht *heute* bedingungslos bereit ist, sich den Zwängen und Anforderungen eines Systems zu unterwerfen, um eine Freiheit zu erlangen, die dann selbst auch wieder nur ein ideologisches Produkt dieses Systems darstellt. Und ich stelle mir vor, dass es der unbewusste Wunsch war, dieses Spiegelbild zu zerstören, der die Herausgeber der autobiografischen Schriften von Rudolf Höß dazu bewogen hat, den Titel, den Höß seinen Aufzeichnungen gegeben hat, zu ändern. Höß hatte seine Autobiografie »Meine Psyche« genannt, erschienen ist sie aber unter dem Titel »Kommandant in Auschwitz«. Wenn die Wahrheit das Ganze ist, dann wird wohl jeder Leser diese Frage für sich beantworten müssen, ob das die Wahrheit ist, der ganze Titel: »Meine Psyche ist Kommandant in Auschwitz«.

Vor einiger Zeit hat Hermann Beil im Berliner Theater am Schiffbauerdamm eine Lesung aus diesem Buch gegeben. Ein Besucher der Veranstaltung berichtete im Netz: »Das Publikum lauschte gespannt – und war unterhalten. So muss man das nennen. Ich hatte den Eindruck, dass Herr Beil selbst am Ende etwas überrascht darüber war.«

Es war dies vielleicht die kleine Überraschung, die immer möglich ist, wenn die große nicht stattfinden kann, nämlich die grundsätzliche, wenn wirklich ein Epochenbruch passiert. Aber das zeitgenössische Leben setzte bruchlos fort, wo vor dem Bruch geendet wurde. Eigentlich müsste man mit Adorno sagen: wo vor dem Bruch geendet ward. Denn heute sind alle politischen, betriebs- und volkswirtschaftlichen sowie philosophischen Debatten über Wesen, Wandel und Zukunft der Arbeit, alle gewerkschaftlichen Kämpfe zur Verteidigung von Arbeitsplätzen, alle Arbeitsmarktservice-Aktivitäten und die Produktion aller westlichen und fernöstlichen Ideologien von neuen Arbeitsformen in der globalisierten Welt nur möglich unter der Voraussetzung, die Verwendung des Satzes »Arbeit macht frei« durch die Nazis als »Zynismus« abzutun, statt sich die Frage zu stellen, ob es nicht barbarisch sei, nach Auschwitz noch immer von der Arbeit das Wohl der Menschen abzuleiten. Nur damit kein Missverständnis aufkommt: Hier wird nicht unser politisches und gesellschaftliches System mit dem von

Nazi-Deutschland gleichgesetzt, sondern bloß unser Begriff von »Arbeit« diskutiert, der bekanntlich nach 1945 keine Neudefinition, keine »Arbeitsstunde Null« erlebte. Ich kann verstehen, dass die Menschen nach 1945 nicht alles neu erfinden wollten, die Arbeit so wenig wie den Sonnenaufgang. So hielten sie eben für ein *Naturgesetz*, was in konkreter Organisationsform als Menschenwerk schon einmal ins *Verderben* geführt hat.

Keiner wird Theodor W. Adorno der Sympathie für den NS-Staat zeihen, keiner wird ihm vorwerfen können, dass er die Bundesrepublik mit dem Dritten Reich gleichsetzte. Dennoch: Mein »zweiter Satz«, Sie erinnern sich, ist ein Adorno-Zitat, und darin verwendet Adorno das Nazi-Verbum »entartet«. Sehen Sie, so ist das mit den Kontinuitäten.

Das jedenfalls ist daher die Frage: Ist es nicht barbarisch, nach Auschwitz Arbeit als Grundlage von Freiheit zu setzen?

Leider kann ich meine Zeitgenossen nicht erlösen. Die Zyniker leben und wirken *nach* Auschwitz. In Auschwitz gab es keinen Zynismus, da gab es Arbeit und Tod – also das, was heute im globalen Maßstab wieder eine Tautologie darstellt. Damit, mit der Formulierung »Heute im globalen Maßstab«, meine ich zum Beispiel Folgendes: Selbst wenn »bei uns« das Wahlalter noch weiter gesenkt wird, werden die Kinder der Welt, deren Arbeit einen Teil unserer »Freiheit« produziert, eher den Tod finden als Mitbestimmung in unserer Welt, die wir die »freie« nennen.

Ist dieser Gedanke zu kompliziert? Dann arbeiten Sie weiter!

Jedenfalls: eben deshalb, weil der Satz »Arbeit macht frei« über dem KZ-Tor *keinen* Zynismus darstellte, konnte Jura Soyfer das »Dachau-Lied« dichten, und ebendieser Sachverhalt, leider *nur* dieser Sachverhalt, dass das Opfer diesen Satz genauso ernst nahm wie die Täter, dass also dieser Satz in der vorhin erwähnten Formel den gemeinsamen Nenner von Faschisten und Antifaschisten ausdrückt, macht aus Soyfers Dachau-Lied ein so bestürzendes Dokument. Ich habe die Erfahrung gemacht, dass es keiner zugeben will, aber unfreiwillig doch zeigt: wer Jura Soyfers Dachau-Lied hört oder liest, fühlt sich dazu verpflichtet, »betroffen« zu sein. Dann aber ist er es nicht – und ist es doch: deswegen, weil er es nicht ist.

Denn die Beschreibung des KZ-Alltags (»… Himmel ohne Gnaden / sendet Frost und Sonnenbrand / Fern von uns sind alle Freuden / Fern die Heimat und die Fraun …«) könnte genauso von den Soldaten Rommels in Afrika oder von den Soldaten der US-Army in Irak oder so ähnlich im letzten Sommer von einem depressiven Kroatien-Touristen gesungen worden sein. Entsetzlich, bestürzend, bedrückend für uns Heutige ist nur der Refrain und die Conclusio des Lieds: dass es wahr ist, ja, dass es stimmt: Arbeit macht frei! »Wir haben die Losung von Dachau gelernt / Mach ganze Arbeit, pack an, Kamerad: / denn Arbeit, denn Arbeit macht frei«. Selbst die Arbeit im KZ wird sich also am Ende nur als Abhärtung erweisen, »… und im eigenen Schweiße werde / Selber du zu Stahl und Stein«, und geschichtslogisch zur Freiheit führen: »Und die Arbeit, die wir machen / Diese Arbeit, sie wird gut.«

Das bleibt offenbar das Problem: dass selbst die »gute Arbeit« den Verblendungszusammenhang reproduziert, aus dem sie befreien will. Denn nicht die Arbeitsbedingungen, sondern die Arbeit selbst in egal welchen Bedingungen ist das Verhängnis, ist auch und erst recht in den heutigen Bedingungen die Vernichtungsmaschinerie von allem, was uns als Frucht der Arbeit versprochen ward und wird: Freiheit, Demokratie und Gerechtigkeit. Dies alles wird durch Arbeit unter den gegebenen Bedingungen vernichtet: Freiheit wird vernichtet, weil Arbeit die Menschen zu Konkurrenten auf dem Arbeitsmarkt macht, in einer Weise, dass sie zu immer größerer Willfährigkeit, Unterwürfigkeit und Bescheidenheit, zur Preisgabe ihrer Freiheit und ihrer sozialen Gefühle im Kampf um ihren Arbeitsplatz bereit sind. Sie geben für die Arbeit ihre Freiheit auf, weil ihnen Freiheit als Folge der Arbeit versprochen wird. Demokratie wird vernichtet, weil Demokratie politisches Denken voraussetzt, Arbeit aber nur betriebswirtschaftliche Logik zulässt. Es ist kein Zufall, dass es in den sogenannten demokratischen Gesellschaften keine Arbeitsdemokratie gibt. Oder kennen Sie eine? Können Sie sich eine vorstellen? In den USA schickt man sofort die Pinkertons, in dieser Frage höchst erfahrene Revolverhelden, wenn Sie Ja sagen. Jeder, der arbeitet, jeder Sieger im Kampf um seinen Arbeitsplatz, hat daher seine Stimme abgegeben: als Zustimmung dazu, dass Demokratie dort nichts zu suchen hat, wo es um die Freiheit geht, die erst die Arbeit möglich machen soll. Und Gerechtigkeit wird vernichtet, weil keiner, der sich im Kampf um freie Arbeit befindet, durch Arbeit auch nur annähernd so viel eigenes Vermögen produzieren kann wie jene, die über arbeitsfreies Einkommen verfügen. Der Kampf um die Arbeit vernichtet sogar das Bewusstsein von der Ungerechtigkeit der Verteilung des gesellschaftlich erarbeiteten Reichtums. Kurz: Was immer durch Arbeit produziert wird, sie vernichtet, was sie versprach. Und es ist eine sophistische Frage, was man nun als den größeren Skandal ansieht: dass Arbeit dies tut oder dass sie dennoch noch immer verspricht, dass sie frei macht, dass sie noch immer mit der

Möglichkeit lockt, selbstbestimmt zu sein – in einem Abhängigkeitsverhältnis.

Seit der industriellen Revolution hat jede neue Maschine, jede neue Technologie versprochen, dass sie den Menschen Arbeit abnehme, die Menschen von Arbeit befreie. Tatsächlich aber wurde dies gesellschaftlich nie eingelöst. Je größer die Produktivität durch Maschinen und Technologien wird, umso mörderischer kämpfen die Menschen darum, dass ihnen die Arbeit eben nicht abgenommen wird. Heute, am historisch höchsten Stand von technischer Produktivität, sind die Menschen sogar bereit, für ihren Arbeitsplatz eine *Verlängerung* der Arbeitszeit in Kauf zu nehmen. Und Arbeitnehmer-Organisationen sind bereit, das zu verhandeln. Sie sollten wegen Wiederbetätigung belangt werden: Seit den Nazis hat es niemand gewagt, von der relativen zur absoluten Mehrwertproduktion zurückzukehren (also von der Erhöhung der Produktivität innerhalb einer bestimmten Zeit zur Verlängerung der Arbeitszeit). Das ist der lange Schatten von Dachau in der modernen Arbeitswelt, ja, wir haben die Losung gelernt: Arbeit macht frei!

In Wahrheit ist es grotesk, nach der langen Geschichte und auf dem aktuellen Stand der Produktivität noch darüber diskutieren zu müssen: Sie können Ihren antiquierten Arbeitsbegriff nicht behalten, ja nicht einmal modernisieren, wenn Sie zugleich haben wollen, was er, politisch umgesetzt, vernichtet: nämlich Freiheit, Demokratie und Gerechtigkeit. Freiheit beginnt, wo der Druck der Fremdbestimmung nachlässt (also der Arbeit! Verwechseln Sie »Arbeit« nicht mit Tätigkeit!). Demokratie setzt Zeit für Denken und Bildung voraus (also Frei-Zeit von Arbeit!). Und Gerechtigkeit erwiese sich darin, dass diese Befreiung bezahlt wird von Ihrem Anteil am gesellschaftlich produzierten Reichtum, der ein Produkt der Arbeit von Maschinen, modernen Techniken und Technologien ist. Niemand wird Sie dann daran hindern, mehr zu arbeiten. Aber diese Entscheidung setzt eben zweierlei voraus: die Anerkennung der Tatsache, dass die Arbeit weniger geworden ist, und die Tatsache, dass Bedingungen dafür geschaffen wurden, dass Sie überhaupt eine Entscheidung treffen können.

Dass es vernünftig ist, Freiheit nicht von der Arbeit abzuleiten, sondern im Gegenteil von der Notwendigkeit der Befreiung von Arbeit, beweist die Philosophiegeschichte. Die Freiheit zunächst des Denkens zeigte sich seit Anbeginn des bürgerlichen Zeitalters regelmäßig darin, dass der freie Mensch bereit war, lieber einen Kopfstand zu machen, als mitzumarschieren mit der Marschmusik bürgerlicher Arbeitslogik. Der Erste, der dem Leitspruch von Auschwitz und Dachau widersprach und dadurch bereits davor warnte, war Baruch D'Espinoza, der im Zentrum einer sich verbürgerlichenden Welt um sich blickte und mit großer Gelassenheit gegen sie schrieb: »Ich will nie an Projekten arbeiten, die nur deshalb für einige nützlich sind, weil sie anderen schaden.« Er erhielt den Bann und wurde von der Gemeinde ausgeschlossen. Der Vorletzte, der auf diesem Gedanken insistierte, war Günther Anders, der menschliche Freiheit nur dann für denkbar hielt, wenn sie folgendem Gesetz gehorcht: »Keine Arbeiten anzunehmen und durchzuführen, ohne diese davor darauf geprüft zu haben, ob sie direkte oder indirekte Vernichtungsarbeiten darstellen. Die Arbeiten, an denen wir gerade teilnehmen, aufzugeben, wenn diese sich als solche direkten oder indirekten Vernichtungsarbeiten erweisen sollten.«

Und Günther Anders starb verarmt und vergessen in der Hauptstadt des Vergessens.

Ich habe viele Stunden damit zugebracht, mir vorzustellen, wie es wäre, wenn die Welt dieses Gesetz befolgte, wenn sie diese Lehre nach Auschwitz, die schon vor Auschwitz formuliert worden war, ernst zu nehmen und zu befolgen bereit wäre. Diese Stunden würden Ihnen nicht als Arbeit anerkannt, ich kann sie Ihnen daher nicht empfehlen. Andererseits: vielleicht würden Sie, wenn Sie sich das wirklich vorstellen würden, dann endlich Auschwitz verlassen, aus dem Schatten jener Freiheit heraustreten, die über dem Tor des KZ versprochen war.

Während Günther Anders sein Freiheitsgesetz formulierte, entwickelte Milton Friedman seine Wirtschaftstheorie, also jene Gesetze, nach denen seiner Meinung nach Arbeit vernünftig organisiert und Freiheit möglich wäre. Das sind wieder viele Stunden, die man damit verbringen kann, darüber nachzudenken und sich auszurechnen, wie viel Menschen Friedman durch seine Theorie ermordet hat. Die Daten sind vorhanden:

a) Tote durch staatliche Repression (z. B. in Lateinamerika)
b) Selbstmordrate
c) Mordrate
d) Säuglingssterblichkeit
e) Allgemeine Lebenserwartung.

Selbstverständlich werden Morde auch wegen Eifersucht verübt, oder bringt man sich auch wegen anderer Gründe als der neoliberalen Wirtschaftspolitik um, stirbt auch ein Frick innerhalb des statistischen Konfidenzintervalls? Emile Durkheim hat aber in seiner klassischen Arbeit »Der Selbstmord« gezeigt, dass das Herausrechnen anderer Faktoren möglich ist. Es ist also möglich, mit statistischen, wissenschaftlich anerkannten Arbeitsmethoden nachzuweisen, dass es sich bei Milton Friedman zweifellos um einen Täter handelte, dessen Tat, nämlich die Arbeit an den Bedingungen, unter denen Menschen arbeiten, Millionen das Leben kostete. Milton Friedman erhielt den Nobelpreis, starb hochgeehrt, betulich gehuldigt selbst von seinen natürlichen Gegnern, den Sozialdemokraten, die Teile seiner Wirtschaftstheorie umgesetzt hatten, weil – es war der Trend!

Sie wollen das nicht hören, und ich will das nicht haben. Also höre ich jetzt auf, mit dem einzigen, das ich – wenngleich auch nur metaphorisch – wirklich kann und was zugleich das einzige ist, was Sie von Existenzen wie mir im Grunde erwarten: mit einem Kopfstand. Schauen Sie her! Und stellen Sie sich das Bild vor, dass Sie alle kennen: Das Eingangstor von Auschwitz! Was sehen Sie? Sie kennen das Bild, also: Was sehen Sie? Den Schriftzug »Arbeit macht frei«. Richtig. Und was fällt Ihnen auf? Schauen Sie genau! Schließen Sie die Augen, konzentrieren Sie sich auf dieses Bild, auf die Schrift, auf die Losung – was fällt Ihnen auf?

Nichts. Außer Sie haben es vorher gewusst, aber dann sind Sie ohnehin für die Arbeit verloren. Der Buchstabe B im Wort »ARBEIT« steht auf dem Kopf! Der Häftling Jan Liwacz, ein Kunstschlosser, wurde von der SS gezwungen, diese Buchstaben zu schmieden und über dem Tor anzubringen. Ehemalige Auschwitz-Gefangene berichteten, dass der Kopfstand des Buchstabens B der bewusste Protest von Jan Liwacz war: Die Freiheit beginnt dort, wo man die »Arbeit« buchstäblich auf den Kopf stellt.

Jetzt können Sie die Augen wieder öffnen! Es haben alle nur A gesagt. Sie werden B sagen müssen. Denken Sie an das B, das auf dem Kopf steht!

Landnahme und Erlösung.
Die Kapitalismusreligion

Sehr geehrte Damen und Herren!

Unzählige Male wurde versucht zu ergründen, was Goethes »Faust« im Innersten zusammenhält. Es ist ein Werk, von dem man füglich sagen möchte: Es ist dazu bereits alles gesagt worden, nur noch nicht von allen.

Ich selbst habe dieses Werk nie verstanden, und ich kann Ihnen nicht versprechen, dass es Ihnen nach meinem Vortrag besser gehen wird als mir. Aber ich hatte immer einen Verdacht. Und es waren einige Erfahrungen der letzten Zeit – nicht Erfahrungen mit Literatur, sondern mit der »Heiligen Schrift«, worunter ich die österreichische Presse verstehe, wenn der Papst zu Besuch kommt –, die dazu geführt haben, dass ich einen Aspekt des »Faust« plötzlich zu verstehen meinte beziehungsweise umgekehrt, dass mit Hilfe des »Faust 2« ein Aspekt des »Kapitalismus 2« vielleicht verstanden werden könnte. Unter »Kapitalismus 2« verstehe ich den entfesselten, Land nehmenden, ein Land nach dem anderen nehmenden globalen Kapitalismus.

Der Aspekt, um den es mir geht, ist folgender: Wir erleben derzeit ein besonders starkes Anwachsen der gesellschaftlichen und politischen Bedeutung von Religion, und dies gleich doppelt: als »Trost« und als »Bedrohung«, je nach »eigener« oder »fremder« Religion. Was bedeutet das? Ist Religion wirklich ein immanenter Widerspruch zur Säkularisierungsdynamik von Moderne, Aufklärung und Kapital –

und verschiebt sich jetzt wieder das Kräfteverhältnis zwischen Religionen und Säkularisierung zu Gunsten der Religionen? Wenn ja, warum? Oder aber – und das ist vorsichtig vorformuliert meine These, die, falls sie stimmt, auch gleich die Frage nach dem Warum beantworten würde: oder aber ist Religion nicht vielmehr selbst ein Säkularisierungsinstrument im Kapitalismus geworden, ein Mittel, das Heilige, das Mystische, letztlich Gott zu verweltlichen, also auch das, was nicht durch Vernunft begründet werden kann, der Kapitallogik dienstbar zu machen? Das hieße aber auch, dass Religion das Scharnier ist, mit dem der Kapitalismus das Sakrale in seine eigenen Strukturen aufnehmen kann, um so selbst zur Religion zu werden.

Deshalb ist Goethes »Faust« für die Moderne, für die aufgeklärte Welt, eben die exemplarische Auseinandersetzung mit Gott – weil sie *nicht* nach Gott fragt. Die Frage nach Gott, der Versuch, seine Existenz zu beweisen, war ebenso wie der Versuch, den Glauben an ihn zu erzwingen, vormodern. Die Frage nach Gott im Versuch, ihn zu widerlegen, markierte den Epochenbruch und den Beginn der Aufklärung. Erst die Frage nach der *Religion* und eben *nicht nach Gott* gab den Menschen zurück, was ja tatsächlich des Menschen ist, nämlich die Frage, was die Menschen glauben, und auch, wie sich Menschen auf Grund ihres Glaubens verhalten. Wir können bekanntlich nicht davon ausgehen, dass es einen Gott gibt. Aber wir müssen davon ausgehen, dass die Mehrzahl der Menschen an einen Gott glaubt. Wir müssen also davon ausgehen, dass der Glaube an einen Gott das Verhalten und Handeln der Menschen mitbestimmt, dass daher die Idee »Gott« auf je bestimmte Art die Praxis der Menschen lenkt. Und das bedeutet: Wir müssen selbst dann, wenn wir davon überzeugt sind, dass es keinen Gott gibt, die Frage, ob es einen Gott gibt, mit Ja beantworten. Aber genau deshalb ist der Gott der Moderne säkularisiert, weil er lediglich als Voraussetzung der Religion, also einer *menschlichen und menschengemachten* Institution anerkannt ist. Dies ist der moderne Gott, der Gott der aufgeklärten Welt: unbewiesen, aber als unbewiesener anerkannt, allerdings anerkannt bloß als Begründung einer Religion und nicht der Welt, und somit Ausdruck der aufgeklärten Dreifaltigkeit: Vernunft, Freiheit, Säkularisierung. Eine Vernunft, die so weit geht, noch im Irrationalen einen vernünftigen Kern in Hinblick auf menschliche Lebensorganisation anzuerkennen. Freiheit, die so weit geht, auch die Freiheit jener zuzulassen, die einer menschengemachten Freiheit systematisch und organisiert (eben z. B. durch die Institution Religion) widersprechen. Und Säkularisierung, die zwar Gott säkularisieren konnte, aber durch die Anerkennung der Religionsfreiheit das Sakrale und seine Strukturen wieder in sich aufzunehmen bereit war.

Zwar schwamm Gott also unbewiesen in seinem Blute, wie Heinrich Heine schrieb, aber er war nicht tot, wie Nietzsche dann befürchtete – er hatte sich bloß vom Schöpfer der Welt zur Gründungslegende der Institution Religion gewandelt. Er war nun sozusagen der alte Herr, der sich aus dem operativen Geschäft zurückgezogen hatte, und das Geschäft heißt jetzt Religion. Und dieses Geschäft muss Profit machen, nicht nur in Befriedigung von gewissen menschlichen Gefühlen und Gestimmtheiten, sondern tatsächlich auch im Sinn einer gesellschaftlichen Vernunft, also als das Heilige, das die Menschen, die den Menschen Wölfe sind, zu Lämmern macht, wodurch das menschliche Zusammenleben erleichtert wird.

Aus diesem Grund fragt Gretchen den Doktor Faust zunächst nicht, ob er an Gott glaube, sondern danach, wie er es mit der Religion halte. Und aus genau diesem Grund definiert sich das heutige Europa nicht als »gottesfürchtiger Kontinent«, sondern als Kontinent, der verwurzelt ist in Christentum und Judentum, also in Religionen. Und aus ebenfalls diesem Grund hatte der Geheimrat Goethe, der Autor des »Faust« und somit der mit beträchtlicher Empathie beschriebenen Tragödie Gretchens, als Weimarer Minister das Todesurteil der Kindmörderin Johanna Katharina Höhn unterschrieben: Die als zutiefst gottesfürchtig beschriebene Frau flehte um Gottes Erbarmen und menschliche Milde. Gottes Erbarmen möge die junge Frau erhoffen, so Goethe, aber eben weil ein Minister in seinem Staatsamte kein Gott sei, könne er nicht Milde walten lassen, wenn ein für das menschliche Zusammenleben unerlässliches religiöses Gebot gebrochen werde. Das verstehe ich zunächst unter »Säkularisierung Gottes«: die *Anmaßung*, *nicht Gott* zu sein, sondern nur der Maschinist seiner Religion. Und es war ein Missverständnis just der aufgeklärt Leichtgläubigen, dass durch die Transformation von Gottesmacht in Menschenmacht die Religion überflüssig werde.

Dass die Säkularisierung der Welt durch den Kapitalismus kein Absterben der Religion versprach, sondern bloß ein anderes Verhältnis zu ihr, hätten wir von Doktor Faust längst lernen können.

Was zeigt das Faust-Drama? Eine komprimierte Geschichte von Aufklärung und Moderne, kurz: unsere Gewordenheit. Diese Geschichte beginnt mit Gelehrsamkeit, Vernunftanspruch und wissenschaftlicher Neugier. So schön war die Zeit, und so unbefriedigend. Mit der Idee, den individuellen Profit zu suchen, ja, diesen heiligzusprechen, selbst wenn man sich dafür mit dem Teufel verbünden muss, geht sie von der Gedankenwelt über in die Praxis. Sie bildet in der Praxis das unternehmerische Denken und Handeln heraus, beziehungsweise ein Handeln, das sich auch für ein Denken hält, zumindest als Erbe der alten Ideen. Die unternehmerische Praxis führt zur Einführung von Papiergeld, Buchhaltung, Wertpapierhandel – und Betrug als unvermeidliche Konsequenz von Spekulationsgeschäften. Die Fiktionalisierung von *Wert* (wie sie in der Einführung des Papiergeldes ökonomische Realität wird) stellt buchstäblich alle Werte auf den Kopf, und die Grenzen des Menschenmöglichen werden so fiktiv wie die Golddeckung des Papiergelds. Damit ist aber auch die Schöpfung als gottgegebene in Frage gestellt, nun kann auch der Mensch eine Welt aus dem Nichts schaffen. Nun werden wir im »Faust 2« Zeuge der ersten In-vitro-Fertilisation. In den nächsten Szenen und Bildern erleben wir in logischer Konsequenz den völligen Untergang der klassisch-antiken Ideale als Sehnsuchtsbild der Moderne. Das hat natürlich auch politische Konsequenzen: Ist das ideale Menschenbild entzaubert, dann macht es auch als politisches Ideal keinen Sinn mehr, und so werden wir Zeuge, wie die Gesellschaft idealisierter aufgeklärter Bürger in das kippt, was sie immer war, um es immer wieder aufs Neue zu werden: eine Masse, der, im Falle von Aufruhr, nicht hellenistisch-demokratisch, sondern autoritär begegnet wird, weil der Unternehmer-Geist es so will, selbst wenn die aufgeklärte Herrschaft Skrupel hat. Schließlich endet alles in wirtschaftlichem Raubrittertum, bildlich dargestellt in der Szene, in der Faust das Haus der Alten einfach abfackeln lässt, um sich deren Besitz anzueignen.

Diese zutiefst säkulare Geschichte, an deren Ende wir selbst uns heute wiederfinden, geschieht und entwickelt sich allerdings in steter Auseinandersetzung mit der Religion und eben der Frage, wie es der aufgeklärte Geist mit ihr hält.

Goethes Antwort auf diese Frage war äußerst hellsichtig. Sie lässt sich auch durch unsere zeitgenössischen Erfahrungen vollkommen verbürgen. Um dies zu zeigen, nämlich dass die Religion ein säkulares Phänomen, die wahre Religion aber der Kapitalismus ist, will ich von den alten Brettern des Faust-Dramas kurz in das Österreich der Gegenwart hüpfen. Dies wird uns dann wieder zurückführen zu einer zentralen Metapher des »Faust 2«, mit der ich schließlich die Gewordenheit unseres Verhältnisses zur Religion vorführen möchte.

Österreich. Papst Benedikt XVI. kommt zu Besuch. Alle Zeitungen machen ihren politischen Teil unter der ideellen Gesamtschlagzeile auf:

»ALLES ÜBER DEN PAPST«.

Aber so viel »alles« auch ist, eine Unzahl von Informationen, Glossen, Berichten, Reportagen, Porträts, Kommentaren und sogenannten »Wortspenden«, es zeigt dies alles im Grunde nur ein und den selben Sachverhalt in vielen Varianten: die *weltliche* Bedeutung von »Gottes Stellvertreter auf Erden«.

Es ist ja nicht neu, dass immer wieder versucht wurde und wird, schon dem geistlichen Titel des Papstes durch Wortspiele weltlichen Pep zu geben, etwa wenn seine Heiligkeit durch das Kappen des »H« zum »Eiligen Vater« wurde, oder nun der Papst zum »Pope Star« erklärt wird. Aber das ist nur das vordergründigste Symptom einer Entwicklung, die bereits im Falle von Johannes Paul II. als nicht mehr überbietbar erschien, und doch jetzt von seinem Nachfolger noch weiter radikalisiert und übertroffen wird: die Säkularisierung von Kirche und Religion auf eine Art und Weise, die sich flexibel und lebendig in alle gesellschaftlichen Bereiche, von Politik über Entertainment, business bis society, verzweigt und vernetzt, während der spirituelle Anspruch als totes Dogma sozusagen im Fundament der *Welt*-Kirche eingemauert ist. In ihrem Wirken ist die Kirche zeitgenössischer, als es klassisch aufgeklärten Geistern erscheinen mag. Gerade bei diesem Papst-Besuch konnte man sehr schön sehen, wie sich das Religionsoberhaupt geradezu als wandelnde Internet-Plattform präsentierte, in die jeder seine Bilder einstellen kann und die unendlich viele weiterführende Links anbietet, über die sich alle Weltphänomene in ihrem Wirkungszusammenhang blitzschnell vernetzen ließen. Und was sich in Österreich Journalismus nennt, wirkte in der Papst-Berichterstattung nur noch wie ein Gewimmel aufgeregter Blogger.

Man brauchte zum Beispiel bloß auf die Schuhe des Papstes zu klicken und ist schon über den Markennamen der Schuhe, nämlich »Prada«, bei der Antithese zum Papst angelangt, dem Film »Der Teufel trägt Prada«, womit der größtmögliche Raum für Reflexionen eröffnet ist, die einerseits zurückgehen in die Urgründe der Geschichte (»Jesus zog in Sandalen in Jerusalem ein«) und sich verzweigen in den Zukunftsfragen der Globalisierung, etwa dem Standortwettbewerb, der dazu führt, dass große Marken wie Prada in Entwicklungsländer ausweichen und auf billige Kinderarbeit zurückgreifen (die Schuhe des Papstes, erfuhren wir, wurden in Indien genäht!), während der Mann in diesen Schuhen dazu aufruft, mehr Kinder in Europa zu zeugen, dabei allerdings die Selbstbestimmung der Frauen im Hinblick auf unerwünschte Schwangerschaft als Sünde geißelt. Ist das Elend der indischen Kinder gottgewollt, die selbstbestimmte Frau aber eine Sünderin? Gäbe es da vielleicht eine Basis für den Dialog mit dem Islam? Nein, berichten die Postings, hier wird nicht diskutiert, hier wird vernetzt, und zwar die *Welt*, wie sie ist.

Während also die *politischen* Seiten der Zeitungen mit dem Papst aufmachten, schlagzeilten die *Kulturseiten* mit »Gott«, und zwar wörtlich folgendermaßen:

»PAVAROTTI: BEGRÄBNIS WIE FÜR EINEN GOTT!« Dass man in Frankreich wie ein Gott leben kann, war mir bekannt, dass man aber in Italien wie ein Gott begraben wird, hat mich doch sehr erstaunt – in Italien! Das nicht gerade für Gottes*begräbnisse* bekannt ist! Wäre diese Schlagzeile in der *FAZ* erschienen, ich hätte den Redakteur verdächtigt, ein Kantianer zu sein! Aber beim Wiener *Kurier*?

Diese Koinzidenz, aus ein und derselben Zeitung zu erfahren, dass der Papst politisch die Welt vernetzt, während ein Gott gestorben ist, zeigt so gut wie eine Bibliothek von Sekundärliteratur, wie wir es mit der Religion halten: Wir leben, entgegen der allgemeinen Meinung, nicht in einer säkularisierten Gesellschaft, in einem säkularisierten Staat, in dem sich Religion auf der Basis der Freiheit, die ihr eine aufgeklärte Verfassung garantiert, zu behaupten versucht, sondern umgekehrt: Staat und Gesellschaft haben die Tendenz, in Selbstbild und Wirkung spirituell-religiöse Gebilde zu werden, und es ist die Religion selbst, die sich säkularisiert und Gott sozusagen in der »Kultur« begraben hat, um als politische, wirtschaftliche und militärische Macht auf dem Markt zu wildern, den die religiöse Gesellschaft ihr bereitwillig eröffnet. Ein weiteres Beispiel, wieder entnommen der Zeitung, die ich in der Früh des Tages las, an dem ich mit dieser Arbeit begann: In einem Staat, der wirklich säkularisiert wäre, würde das Staatsoberhaupt, noch dazu ein Sozialdemokrat, nie und nimmer einen Religionsrepräsentanten mit Ministrantenbrunft vom Flughafen abholen und mit »Eure Heiligkeit« anreden. Aber es ist so geschehen. Und der Mann heißt Fischer. Und der andere ist der Mann in den Schuhen des Fischers. Wäre dieser Staat, diese Gesellschaft tatsächlich säkularisiert, es wäre Höllengelächter ausgebrochen. Der Staatspräsident hätte sich in den Augen der Bürger eines säkularen Staates lächerlich gemacht. Wären die österreichischen Zeitungen unabhängige Zeitungen eines säkularisierten Landes, sie hätten kritisiert, worüber sie mit weihrauchschwenkenden Sätzen berichteten. Umgekehrt: Wäre der Papst wirklich das Oberhaupt einer Religionsgemeinschaft, Stellvertreter seines Gottes auf Erden, er hätte es abgelehnt, ja zurückgewiesen, mit *militärischen Ehren* empfangen zu werden. Aber das Oberhaupt der Liebesreligion schritt die Reihe der Soldaten ab, während der Staatspräsident ein ums andere Mal »Eure Heiligkeit« sagte. Nein, da hat nicht ein Staatsmann ein Religionsoberhaupt empfangen, da hat eine weltliche Macht einen Ministranten besucht. Nun ist dies aber keine austriazistische Schnurre, sondern durchaus exemplarisches Symptom einer globalen Entwicklung.

Wer die Geschichte der Aufklärung studiert, wird rasch feststellen, dass es den politischen und wirtschaftlichen Repräsentanten der aufgeklärten bürgerlichen Gesellschaften, im Gegensatz zu den Philosophen, nie darum ging, eine Welt ohne Religion zu schaffen, sondern nach ihrer Logik vielmehr darum, zu überprüfen, wie mächtig und letztlich wie profitabel auch Religion als Produktivkraft ist. Der kapitalistische Rationalismus hat kein Problem mit Irrationalismus, sondern nur mit unprofitablem Irrationalismus. Die Freiheit in »Religionsfreiheit« bedeutete nie etwas anderes als zum Beispiel auch die der »Befreiung der Arbeit« – die den Menschen zwar aus der Leibeigenschaft, aber natürlich nicht den Arbeiter befreite. Genauso befreite die Religionsfreiheit den Menschen zwar von der Kirchenzucht, aber nicht vom Glauben. Mehr hat die Aufklärung nicht versprochen, mehr haben sich nur die Philosophen gewünscht.

»Wie viele Divisionen hat der Papst?«, hatte Stalin gefragt. Heute wissen wir: So viele, wie er abschreiten möchte bei seinen Besuchen von aufgeklärten Staaten. Genug jedenfalls, wie sich gezeigt hat, um auch die Rote Armee zu besiegen.

Wir wissen von Max Webers bahnbrechender Studie, dass eine bestimmte Form von Religiosität mentalitätsgeschichtlich in einem bestimmten historischen Moment sehr förderlich war bei der Herausbildung säkularer Produktionsverhältnisse. Weit darüber hinaus aber zeigte sich, dass sich Produktionsverhältnisse und Religion wechselseitig befördern können, mehr noch: sich wechselseitig affizieren. So mag der Kapitalismus zwar mit radikaler Konsequenz die Säkularisierung der Welt betreiben (wie es mit unübertroffener Anschaulichkeit der davon faszinierte Karl Marx im Kommunistischen Manifest beschrieben hat), er betreibt zugleich und mit gleicher Konsequenz seine eigene Sakralisierung – ganz einfach deshalb, weil es gläubige Menschen sind, die »den Kapitalismus« produzieren, der sie produziert, und sie wollen glauben, dass sinnvoll, vernünftig, gottgefällig ist, was sie tun. Und nicht zuletzt will natürlich »der Kapitalismus« als definitive Vernunft, als Naturgesetz, und dies bedeutet auch: als Gottes Wille, erscheinen.

Das Bedürfnis des elenden Lebens in der Glitzerwelt nach zumindest einem Segen, nach Weihrauch und Entrückung ist so groß, und – das ist noch wichtiger: – die strukturellen

Affinitäten zwischen Kapitalismus und Religion sind so stark, dass der angeblich säkulare Staat jederzeit zu jedem sakralen Opfer bereit ist. Noch ein Beispiel aus der Morgenzeitung – und dies führt uns zu »Faust 2« zurück: Der Papst wollte im Ort Mariazell auf dem Platz vor der Kirche eine Messe lesen. Dafür wurde auf diesem Kirchenvorplatz eine Tribüne für Tausende Gläubige errichtet. Leider befanden sich just dort alte Bäume, hundertjährige Linden. Es wird niemanden, der das Verhältnis von Kapitalismus und Christentum kennt, überraschen, dass selbstverständlich die hundertjährigen Linden gefällt wurden, damit der vom Präsidenten eines säkularen Staates »Eure Heiligkeit« genannte Mensch dort eine einstündige Messe lesen kann.

Mariazell mag ein Wallfahrtsort sein, aber der Bürgermeister ist kein Kirchenmann. Er hat ein politisches Amt in Österreich und nicht ein Angestelltenverhältnis mit dem Vatikan. Er hat eine Bewilligung erteilt, die dem Recht des österreichischen Rechtsstaats widerspricht. Er hat es getan in der Gewissheit, dass es keine politischen und rechtlichen Konsequenzen haben wird. Und offenbar gab es keine. Die Medien berichteten von der Messe, aber nicht von der politischen Bedeutung, die sie auf diese Weise erlangt hatte. Was hier stattgefunden hat, war – Landnahme. Die politische Eroberung von öffentlichem Raum für einen sakralen Ritus. Der sakrale Raum befindet sich innerhalb der Kirche. Der Platz davor ist Welt, das ist sozusagen ein anderes Element. Das ist niemandem aufgefallen: Der Papst hat mit aller Selbstverständlichkeit politischen Raum erobert, er hat der säkularen Welt buchstäblich ein Stück Land abgetrotzt.

Im Grunde geht es seit Beginn der Aufklärung, also seit Erfindung des »Quadratmeterpreises« und des »Grundbuchs«

auch und nicht zuletzt darum: um Landnahme. Und es ist sehr eigentümlich, dass »Landnahme« in Theorie und Geschichte immer untrennbar mit Religion verknüpft ist, Land war immer und überall heilig, nicht nur im Heiligen Land. Nicht zuletzt deshalb ist die »Landnahme« das große Prestige-Projekt Fausts, seine fixe Idee, deren Realisierung ihm zeigen soll, dass ihm auf der Welt alles möglich ist: Wenn es ihm, Faust, gelingt, Land dem Meer abzutrotzen, ein Element aus dem anderen zu schaffen, dann würde es nichts mehr auf der Welt geben, worauf er nicht seinen Fuß würde setzen können.

Und das muss man sich jetzt vorstellen und ganz langsam in seinen Bedeutungsfeldern klarmachen: Im Jahr 2007 nach Christus wird der Papst zu Faust, während zugleich ein Tenor als Gott begraben wird.

Jetzt ist es so weit. Jetzt muss ich Sie, so wie Mephisto den Faust, zu drei historischen Schauplätzen führen, am Ende wird es einen großen Knall machen, und Sie werden sehen: des Pudels Kern.

Drei Orte, drei Mal Landnahme im Ringen zwischen Religion und Welt.

Landnahme eins: Finsteres Mittelalter, eineinhalb Jahrtausende nach der Ankunft des Sohnes jenes Gottes, der Licht und Finsternis geschieden und gesehen hatte, dass es gut war, und dennoch: Finsternis und nichts weit und breit, das darauf hindeutete, dass die Welt, so wie sie war, jemals eine andere sein könnte. Da saßen einige Menschen, eine Handvoll, die Anzahl ist nicht überliefert, beisammen und – beschlossen, die Welt zu ändern. Der Boden gab nicht viel her, oder besser gesagt: er konnte Familien nähren, aber er gab nicht genug her, um die Steuern und Abgaben zu bezahlen, die der Bischof einkassieren ließ. Das war tiefste Provinz, das war der Rand Europas, das war Land ohne wirtschaftliche oder politische Bedeutung, kein ferner Herrscher war daran interessiert, die katholische Krone hat deshalb dem Bischof jener Stadt, die in der Nähe dieses Niemandslands lag, die Steuerhoheit eingeräumt. Das war der Bischof von Utrecht. Und dieser Mann der Liebe kannte keine Gnade. Und deshalb saßen eines Tages Menschen in einer Stube und überlegten, wie sie aus dieser Steuerpflicht herauskommen könnten. Sie wählten einen Abgeordneten unter sich aus und schickten ihn mit dem Auftrag nach Utrecht, sich schriftlich bestätigen zu lassen, wie weit die Steuerhoheit des Bischofs reicht. Der Plan war, danach jenseits der Grenze ein neues freies Leben zu beginnen. Der Abgeordnete kehrte aus Utrecht heim mit Schrift und Siegel: So weit das Land im Norden reiche, in jede Himmelsrichtung, so weit es den Schritt eines Mannes trage, so weit reicht das Recht des Bischofs von Utrecht. Erst dort, wo das Wasser bei Ebbe ableckt das Land, endet der Auftrag, sich das Land untertan zu machen, erst dort, im kniehohen Wasser, beginnt auf Erden die Freiheit des Himmels.

Gut, sagten die Menschen, das ist ein Wort. Und das ist ein Vertrag. Und sie nahmen Land jenseits der Grenze, die der Bischof von Utrecht markiert hatte. Sie nahmen also Land – im Wasser, sie nahmen Land jenseits der Grenze, wo das Wasser bei Ebbe das Land leckte, sie nahmen Land unterhalb des Meeresspiegels. Sie trotzten einem Element ein anderes ab, sie bauten Dämme, pumpten ein Meer vom Land, nahmen Land, wo keines war, bauten eine Stadt ins Wasser, und der Bischof hatte kein Recht darauf. Interessant ist dabei auch, dass diese Bauern dabei die europäische Philosophiegeschichte wiederbegründeten, denn diese Landnahme war nur möglich durch die Wiederentdeckung der archimedi-

schen Schraube (mit der sich auf einfachste Weise große
Mengen Wasser abpumpen ließen), womit zunächst auch die
antike Philosophie wieder zurückgeholt war nach Europa,
aber im Grunde zunächst auf ein Land, das es zuvor nicht
gab. Die Stadt heißt Amsterdam und das Land Holland,
und mit dieser Landnahme, jenseits der Grenze, die eine
Religion gezogen hatte, begann die Moderne in Europa.
Landnahme zwei: Auschwitz. Keine Worte. Was hier geschehen ist, kann nicht beschrieben werden. Die Frage, die in
diesem Zusammenhang immer wieder gestellt wurde, aber
ist wichtig, ist bezeichnend für den historischen Moment:
Wo war Gott? Wenn es einen Gott gibt, wie hat er dies zulas-
sen, hier zuschauen können. Ist Gott nicht mit Auschwitz
widerlegt? So viele Rätsel im Komplex Auschwitz auch un-
gelöst bleiben, diese Fragen kann man beantworten: Gott
hatte in Auschwitz nichts zuzulassen oder nicht zuzulassen
oder zuzuschauen, denn – er war nicht dort. Auschwitz
beweist in Hinblick auf Gott absolut *nichts,* denn Auschwitz
war Gott abgerungenes Land, Auschwitz war Erde, wo zuvor auf der Erde keine war, dieses Land war Element, das
einem anderen Element abgetrotzt wurde: radikal gottloses
Land, das gleichsam im Handstreich herausgebrochen wurde aus der Schöpfung Gottes. Säkularisierte Landnahme im
radikalsten Sinn.
Landnahme drei: Nagasaki. Man muss wissen, was Nagasaki vor der Landnahme durch den säkularisierten Westen
war. Japan lebte über Jahrhunderte in völliger Isolation und
Abschottung gegenüber der Welt, duldete nicht, dass ein
Nicht-Japaner seinen Fuß auf die japanischen Inseln setzte.
Soweit Außenhandel notwendig war, blieb er auf einen einzigen Hafen beschränkt, nur dieser eine Hafen war offen
für Händler und Abenteurer, Glücksritter und Missionare:

die Stadt Nagasaki. Nur hier durften Portugiesen und Niederländer, Briten und Deutsche ihre Waren löschen, handeln und einkaufen, hier konnten sie Niederlassungen errichten, Fabriken und Handelshäuser gründen, hier in Nagasaki befand sich die erste Bierbrauerei von Japan, die erste Whisky-Destillerie, die erste Textilfabrik mit vollmechanisierten Webstühlen. Hier in Nagasaki entwickelte sich der erste Arbeitsmarkt mit Gastarbeitern, Nagasaki war die einzige Stadt Japans, in der die Eheschließung von Japanerinnen und Nicht-Japanern erlaubt war und in der die sogenannten Nissai, die »Mischlinge« volles Bürgerrecht hatten. Mit Beginn der Meiji-Epoche, »Meiji-ishin« nach 1868, die die Modernisierung und Westöffnung Japans einleitete, war das traditionell multikulturelle, historisch ruhig und reich gewachsene weltoffene Nagasaki das geheime Zentrum und zugleich die lebendige Utopie Japans in der Welt. Nagasaki war zugleich, aufgrund seiner historischen, aufgeklärten Erfahrungen, die japanische Opposition innerhalb des Achsenmächte-Japans des zweiten Weltkriegs, es war der Wartesaal der Vernunft in den Jahren des größten historischen Irrsinns der Welt. Nagasaki war schließlich exakt das, was Faust am Ende erträumt: »das bunte Gewimmel zwischen Hügel und Meer, freies Volk auf freiem Grund«, unbesehen von Ethnie und Glauben. Wenn man es zuspitzen möchte auf einen konkreten welthistorischen Moment und wenn man es formulieren will mit den Worten der damaligen weltpolitischen Interessenslage, dann war Nagasaki exakt das Japan, das die US-Amerikaner sich wünschten. Und auf diese Stadt warfen sie ihre zweite Atombombe. Um ein Japan herzustellen, das so werden sollte, wie Nagasaki war. »Solch Gewimmel möcht' ich sehen, auf freiem Grund mit freiem Volke stehen!«
Ich sehe mich außer Lage, den Bombenabwurf über Hiro-

shima zu diskutieren. Der Krieg war noch nicht zu Ende, er hätte auf konventionelle Weise, sagt man, noch unzählige Tote gefordert. Hiroshima war Garnisonsstadt mit Waffenindustrie. Es gibt also, ungeheuerlich genug, sogenannte »Vernunftgründe« für den Abwurf der ersten Bombe. Aber nach dieser ersten Bombe war der Krieg zu Ende. Nagasaki war etwas anderes. Nagasaki war die Tat des Faust. Der das Gewimmel sehen will und der das Gewimmel, weil er es schaffen möchte, auch zerstören kann. Das war Landnahme in neuer Qualität. Ich trotze das Land nicht einem anderen Element ab, ich schaffe erst das neue Element, ich BIN das neue Element, und in mir und auf mir und durch mich wird alles sein, auch wenn es gewesen ist. Durch mich wird am Ende die Welt zu dem Verbrechen, das ich zu Beginn Gott angelastet habe. Jetzt habe ich Land genommen, das verweilen muss, weil Weile eine andere Dimension hat: zweitausend Jahre Halbwertzeit, das ist so viel wie von Christi Geburt bis zum Drücken des Knopfes.

Drei Mal Landnahme: das erste Mal mit Gottvertrauen gegen die Religion. Holland. Das zweite Mal ohne Religion gegen Gott. Auschwitz. Das dritte Mal als Gott und Religion. Nagasaki. Das war die Vollendung der Aufklärung. Das war, wenn man den »Faust« liest, die Erfüllung einer Prophetie.

Mit *dieser* Religion leben und beten wir bis heute. Mit den Gebeten dieser Religion fällen wir die Bäume in Mariazell und beten mit »seiner Heiligkeit«. Und wir halten für himmlischen Frieden, was nur ein Baumfällen und keine Bombe ist.

Wie ist das möglich? Schwer zu verstehen, aber leicht zu erklären. Wir kommen zum Ende, das Ende sind wir, aber ich meine das Ende von »Faust 2«.

Goethe wusste schon am Anfang, nur weil er seinen Doktor Faust auf die Reise schickte bis ans Ende, wie es ausgehen wird. Wenn man Gott säkularisiert, dann ist er ein weltlicher Trick. Wenn in einer vernunftbeherrschten Welt die Religion auch den Vernunftgesetzen der *Welt* und nicht irgendwelchen transzendenten Phantasmagorien entspricht, dann gibt es beides – dann gibt es die von der Religion verwaltete gottgewollte Welt, und es gibt die menschengemachte Welt, und selbst wenn es mit dem Teufel zugeht: sie sind identisch.

Der Trick geht so: Lass dich mit dem Teufel ein und mache deinen Profit. Am Ende wirst du von Gott erlöst, denn dein Streben war gottgefällig. Sprich die Vernunft heilig, dann begründe deine Verbrechen vernünftig. Was immer die Menschen von Gott erhoffen oder erwarten, versprich ihnen die Segnungen auch durch den Markt. Aber gib der Religion eine Markthalle.

Das ist der Faust'sche Kniff: Am Ende mordet Faust, aber Gott lässt nicht zu, dass er, der einen Pakt mit dem Teufel geschlossen und die Wette verloren hat, des Teufels ist – denn: was er wollte, war gottgefällig. Und wer behauptet das? Der Mensch. Das nenne ich die Kapitalismusreligion.

Warum nicht daran glauben, wenn man schon dran glauben muss?

Ich bedaure, dass ich das geschrieben habe. Es war bloß so, dass ich an einem Tag, einem seltsamen Tag: der Papst kam nach Österreich, und ich las »Faust 2«, plötzlich glaubte, etwas verstanden zu haben. Aber jetzt glaube ich nicht, dass ich es formulieren konnte. Ich glaube nicht.

EUtopia

Sehr geehrte Damen und Herren!

Utopia, der Ort Nirgendwo, befindet sich hier, er heißt heute Union, und wir sind seine Bewohner. Das alte Europa, der Kontinent verfeindeter Nationalstaaten, geprägt und regelmäßig verwüstet auch von der politischen Macht des Christentums, ist untergegangen und Geschichte, das neue Europa, die freie Assoziation freier Regionen, definiert durch Friede, Demokratie, kulturelle Vielfalt und soziale Gerechtigkeit noch immer der Wunschtraum eines schlaflosen Abendlands. Aber warum können wir berühren und warum berührt uns, was doch verschwunden sein soll, zumindest im Verschwinden begriffen, und warum hat realen Wert, worüber wir noch gar nicht verfügen, warum bezahlen wir materiell für einen Überbau, dessen Fundament noch immer bloßes Ideal ist? Warum wirkt die Geschichte, die wir zurücklassen und vergessen, so deutlich nach, und wieso treibt uns die Karotte, die uns vor die Nase gebunden wurde, nicht an? Warum bekommen wir keine Schwindelgefühle, wenn wir zu verstehen versuchen, wie das möglich ist: dass jeder Schritt, den wir heute gehen, ein Rückschritt hinter jene Fortschritte ist, die nach 1945 möglich waren, diese Rückschritte uns aber zugleich doch wegführen von unserer Geschichte? Die Berliner Mauer wurde 1945 von den Alliierten errichtet. Die DDR war ein Sozialstaat und Helmut Kohl einer ihrer bekanntesten Politiker. Das hat eine jüngst durchgeführte Studie enthüllt, die die

Kenntnisse von Schülern aus vier deutschen Bundesländern, zwei Ost und zwei West, untersucht hat. *Die Welt* kommentierte diese Studie unter dem Titel »Im Tal der Ahnungslosen«. Ist das Europa, dieses Tal? Solche Umfragen gibt es auch aus anderen europäischen Staaten. Mehr als zwanzig Prozent der spanischen Schüler glauben, dass die spanische Republik mit der Inthronisation des Königs Juan Carlos zu Ende ging und dass »Republikaner« ein Synonym für »Atheist« sei. In Österreich wurden Vertreter politischer Parteien vom Fernsehen gefragt, was am Nationalfeiertag gefeiert wird – sie wussten es nicht, aber sie trafen sich zu einer parlamentarischen Feierstunde und riefen die Bevölkerung auf, an diesem Tag wandern zu gehen, sich an sogenannten »Fitness-Märschen« zu beteiligen.

Haben Sie nicht auch das Gefühl, dass ein enormer Unernst herrscht und dass – wenn Sie selbst sich nicht ernst nehmen würden, keiner Sie wirklich ernst nehmen würde? Und haben Sie nicht auch das Gefühl, dass zugleich das Gegenteil stimmt? Dass ein buchstäblich mörderischer Ernst herrscht – über den Sie nur noch lachen möchten, ganz befreit lachen? Haben Sie nicht auch das Gefühl, dass alles, zumindest sehr vieles, auf jeden Fall Entscheidendes, ganz anders sein könnte? Und haben Sie zugleich nicht auch das Gefühl, dass ganz unmöglich ist, was alles möglich wäre? Anders gesagt: dass alles möglich ist, aber nicht wirklich?

Haben Sie sich in letzter Zeit einmal gefragt, ob Sie – nein, das genügt: Haben Sie sich in letzter Zeit einmal gefragt? Wenn ja, warum haben Sie keine Krise bekommen?

Fühlen Sie sich für irgendetwas verantwortlich? Glauben Sie im Ernst, ganz im Ernst, dass Sie Verantwortung tragen? Glauben Sie nicht auch, dass die Dinge so sind, wie sie sind, unabhängig davon, ob Sie Verantwortung tragen oder

nicht? Ist das nicht unernst? Oder umgekehrt: Sehen wir
nicht darin, wie mörderisch der Ernst der Dinge ist? Ist das,
was Sie Verantwortung nennen, nicht bloß Funktionieren?
Und wenn Sie funktionieren: Sind Sie stolz darauf? Wenn
Sie nicht stolz darauf sind: Warum funktionieren Sie dann?
Wenn Ihre Verantwortung ein Stiefzwilling der Ohnmacht
ist – kommt Ihnen das bekannt vor? Sind Sie historisch gebildet? Oder fühlen Sie sich bloß dazu verpflichtet, historisch gebildet zu sein, zumindest so weit, dass Sie diese
Frage selbstverständlich mit Ja beantworten können? Ge-
horchen Sie also der Pflicht? Prägt dies Ihr historisches
Wissen? Finden Sie es auch übertrieben, immer gleich historische Vergleiche zu ziehen, obwohl die Geschichte, aus
der wir lernen sollen, sich nicht wiederholt, allein schon
deshalb, weil sich nicht wiederholen kann, was sich nicht
wiederholen darf? Erkennen Sie diese Paraphrase? Würden
Sie auch die Paraphrasierung eines zeitgenössischen Autors
erkennen?
Verachten Sie die Ja-Sager in totalitären Systemen? Warum
sagen Sie dann auch immer Ja, obwohl Sie nicht in einem
totalitären System leben und gefahrlos manchmal Nein sagen könnten? Glauben Sie im Ernst, dass Sie erst dann Nein
sagen, wenn es gefährlich ist, Nein zu sagen?
Finden Sie das Spitze zu spitzfindig? Finden Sie das Stump-
fe zu stumpfsinnig? Finden Sie Tautologien blöd? Glauben
Sie im Ernst, dass Sie Tautologien vermieden haben, wenn
Sie leblos leben?
Wie bilden Sie Ihre Meinung? Helfen Ihnen die Kommen-
tare des klugen Feuilletons? Zitieren Sie gerne, um Ihre Meinung zu objektivieren? Gab Ihnen Hegels Verdikt »Eine
Meinung ist mein und kann ich genauso gut für mich behalten« zu denken? Wissen Sie, was kluges Feuilleton ist? Karl

Kraus hat gesagt, kluges Feuilleton ist die Kunst, auf einer Glatze Locken zu drehen. Wissen Sie, was ein guter Essay ist? Jean Amery hat gesagt, ein guter Essay ist die erste Antwort auf Fragen, die der Leser erst nach der Lektüre zu stellen imstande ist. Wissen Sie, was Montaigne »die Zauberworte« genannt hat? Die Zauberworte, schrieb er, sind jene, die alles Fragwürdige in Ausrufezeichen verwandeln. Zauberworte machen aus waberndem Unbehagen ein herzhaftes Nicken. Solche Zauberworte sind heute zum Beispiel »Standort«, »Wettbewerb«, »Finanzierbarkeit« – kein Zauberwort aber ist »Gerechtigkeit«, nur zum Beispiel. Haben Sie sich schon einmal gefragt, was das bedeutet? Wenn ja, warum nicken Sie?

Finden Sie, dass der Mensch ein rationales Wesen ist? Finden Sie nicht, dass dies schon dadurch widerlegt ist, dass die Wissenschaft den Homo sapiens, der in seine Geschichtlichkeit eingetreten ist, Homo sapiens sapiens nennt? Sie verachten Tautologien – sind aber wandelnde Tautologien! Vielleicht weil sie doch innere Widersprüche ausdrücken? Haben Sie sich schon einmal klargemacht, dass es den Menschen überlassen war, die Unmenschlichkeit auf die Welt zu bringen?

Haben Sie sich schon einmal überlegt, dass die Tautologien vielleicht ein Desiderat ausdrücken, auf dürftigste, aber uns eben mögliche Weise, nämlich unsere Sehnsucht nach Identitäten? Zum Beispiel die Identität von menschengemachter Welt und Menschenmaß?

Ist Ihnen das Allgemeine zu wenig konkret, das jeweils Konkrete aber nie ausreichend allgemeingültig? Sind Sie deshalb so gern von den Zauberwörtern verzaubert? Glauben Sie, in einer verzauberten oder in einer zauberhaften Welt zu leben? Geben Ihnen die Zauberwörter das Gefühl, etwas verstanden zu haben – was Ihnen sonst den Verstand geraubt hätte? Haben Sie sich schon einmal gefragt, ob Ihnen der Verstand nicht schon längst geraubt wurde? Wenn Sie jetzt nicken, ist es schon ein guter Beginn für die Übung, einmal Nein zu sagen.

Haben Sie sich schon einmal gefragt, wann ein konkretes Phänomen von allgemeiner Bedeutung ist?

Unlängst habe ich Indien bereist. Ein sehr farbenfrohes Land. Ich sah Flüsse, die so intensiv blau oder grün waren, oder rosa oder lila oder orange, je nachdem, welche Farben die T-Shirts hatten, die in den Fabriken an den Ufern dieser Flüsse gerade produziert wurden. Und ich sah die ebenholzschwarzen Baumleichen und schimmernd fezesbraunen Moderpflanzen und intensiv moosgrünen Verwesungsgewächse dort, wo einmal Auen waren, die sonnengelben und himmelblauen Plastiktüten und goldenen und silbernen Aludosen, die glänzenden elfenbein- oder anthrazitfarbenen und grell- oder hellroten Teile von Haushaltsgeräten oder Autokarrosserien, die in diesem Farbenwunderland schwammen – ich sah, dass der Tod farbenfroh ist. Der Tod. Er sichert in Indien das Überleben menschlicher Zombies. Ich erfuhr, dass die Menschen in diesen Fabriken umgerechnet € 1,50 für einen zehnstündigen Arbeitstag bekommen. Und ich sah die Slums, in die diese Menschen dann nach der Arbeit zurückkehren, ein Hüttengewucher ohne Elektrizität und ohne Kanalisation. Der Tod. Er sichert das reiche Leben jener, mit denen »wir«, das heißt unsere politischen Repräsentanten, unsere Vorstellungen von der Gestaltung der Welt austauschen.

Auf dem Rückflug bekam ich deutsche Zeitungen. Und ich las, dass in Europa »die Arbeit zu teuer« sei, die Lohnkosten einen »Wettbewerbsnachteil« darstellten. Das haben Sie alle auch gelesen. Immer wieder, es steht ja täglich in den Tageszeitungen, darum heißen Sie ja Tageszeitungen. Und Sie haben dazu genickt. Zumindest habe ich Ihren Protest, Ihr Nein nicht gehört. Sie haben genickt und sich gedacht: Ja, die Zeiten werden härter, es stimmt schon, da müssen wir etwas tun, um wettbewerbsfähig zu bleiben oder zu werden, wir müssen Abstriche machen, um fitter zu sein. Finden Sie, dass der Begriff »Fitness« einen gesellschaftlichen Idealzustand beschreibt und Sie für Verzicht ausreichend entschädigt? Haben Sie sich einmal gefragt, wie weit man in Europa die Lohnkosten senken kann, ohne dass dieser Kontinent zurückfällt in eine Situation, von der es in europäischen Sonntagsreden heißt, dass sie nie wieder – und so weiter? Man kann die Lohnkosten und Sozialleistungen hier vielleicht noch einige Prozentpunkte senken, aber sicherlich nicht auf € 1,50 für einen zehnstündigen Arbeitstag! Haben Sie sich schon einmal klargemacht, dass diesen sogenannten Wettbewerb die europäische Union in dem Moment verloren hat, in dem sie sich wirklich darauf einlässt? Glauben Sie im Ernst, dass die Lohnkürzungen und die Zerschlagung der Sozialstaaten wirklich der Herstellung von vernünftigen Wettbewerbsbedingungen dient, obwohl allen klar ist, dass es unmöglich ist, auf dieses 1,50-Niveau bei gleichzeitiger radikaler Vernichtung der natürlichen Grundlagen unseres Lebens zu kommen? Und warum hat sich in den letzten fünf Jahren die Exportquote europäischer Staaten auf dem Weltmarkt trotz des ungleich höheren Lohnniveaus um mehr als 80% erhöht? Nicken Sie noch immer, wenn Sie das Zauberwort »Wettbewerb« hören? Wenn nein – welche Konsequenzen ziehen Sie daraus? Zumindest Fragen könnten Sie stellen.

Nach meiner Rückkehr wollte ich mehr wissen und beschloss, mir Literatur über Indien zu besorgen. In der Buchhandlung waren folgende aktuelle Titel kenntnisreicher Autoren (eines Wirtschaftsjournalisten, eines Spiegel-Auslandskorrespondenten und eines Professors für Betriebswirtschaft) auf Lager: »Supermacht Indien«, »Indien – die neue Supermacht«, »Indien auf dem Weg zur Supermacht«. Sie alle keuchten vor Bewunderung für eine Wirtschaftspolitik, die in Europa nach 1945 für überwunden galt, eine Wirtschaftspolitik, die, nun wieder auf Europa angewandt, die Lebensbedingungen der späten zwanziger Jahre nachgerade als Idylle erscheinen ließe. Aber das wird als vorbildlich empfunden: Supermacht! Ist das ernst? Oder mörderisch lächerlich? Ist Ihnen schon einmal aufgefallen, dass US-amerikanische Eliten alles, was deutlich anders ist als in den USA, verachten, und wenn es Ihren Interessen widerspricht, mit Wirtschaftssanktionen oder gleich militärisch bestrafen? Dass aber Europäer alles, was sich von Europa und seinen Idealen radikal unterscheidet, am liebsten zum Anlass nehmen, eine unkritische Theorie zu begründen, die dann als Heilslehre gepredigt wird, sogar wenn es den eigenen Interessen widerspricht? Gibt Ihnen zu denken, dass diese vorgeblich selbstkritische Haltung seltsamerweise den Interessen der multinationalen Konzerne am meisten entspricht?

Haben Sie sich schon einmal gefragt, warum es für einen freien Welthandel unabdingbar notwendig und selbstverständlich sein soll, dass es Supermächte gibt und dass die Freiheit nach den Gesetzen der Supermächte definiert wird? Können Sie sich wirklich keine Freiheit ohne Supermächte vorstellen? Was ist das für eine Freiheit? Haben Sie sich einmal gefragt, was so super ist an den Mächten, die zwar Welthegemonie, aber keine Ordnung, keine Chancengleichheit und keinen Frieden im Inneren herstellen können? Haben Sie nicht zumindest die Lust verspürt, diese Supermächte mit ihrer Supermacht alleine mit sich selbst zu lassen? Halten Sie das für weltfremd? Halten Sie diejenigen für weltfremd, die für die Aufhebung der Leibeigenschaft kämpften, als es noch Leibeigenschaft gab? Halten Sie diejenigen für weltfremd, die für Pressefreiheit kämpften, als es Zensur gab? Halten Sie die für weltfremd, die für Demokratie kämpften, als es absolutistische Herrschaft oder Diktatur gab? Wenn ja, warum berufen Sie sich dann auf diese Ideale und ihre Helden?

Damit Sie mich nicht falsch verstehen: Ich bin nicht unbedingt der Meinung, dass man Ideale haben muss. Ideale sind nicht per se gut. Fast alle großen Menschheitsverbrechen wurden von Idealisten verübt. Die Nationalsozialisten waren Idealisten, und die Bolschewiki auch. Oder früher die Männer der Inquisition.

Haben Sie schon einmal über den eigentümlichen Widerspruch von Idealen und Ethik nachgedacht, beziehungsweise dem, was Sie unter Ethik verstehen? Eine Art von Anstand, mit dem wir leben können. Aber wenn Sie keine Ideale haben oder sie, womit Sie ja auch Recht hätten, für ideologisches Brimborium halten, dann sollten Sie erst recht Anstand haben. Erstens den Anstand zu sagen, laut und deutlich auszusprechen, dass unsere Ideale in der Praxis Brimborium sind, und zweitens den Anstand, auf diesem Brimborium dort dennoch zu bestehen, wo gesellschaftliche Entwicklungen oder Handlungen den Idealen so sehr widersprechen, dass es mörderisch wird oder Mörderisches entschuldigt.

Ich war unlängst in Spanien, eingeladen zu einem Literaturfestival in Segovia. EU-gefördert. Kultur, wird in feierlichen Reden immer wieder gesagt, befördere die »Europäische Identität«. Es wird leider nie dazu gesagt, was identisch werden soll. Die spanischen Gastgeber sind wie alle guten Gastgeber: stolz auf ihre Sehenswürdigkeiten und jederzeit bereit, sie einem zu zeigen. Wir fuhren in das »Valle de los Caídos«, zwischen Madrid und Segovia. Ein faschistisches Monument, das Franco nach seinem Sieg zu Ehren der gefallenen Falangisten und als sein eigenes künftiges Mausoleum erbauen ließ. Erbauen ist das falsche Wort: Er ließ es durch Zwangs- und Sklavenarbeit in einen Granitfelsen hineintreiben, ein Raum in der doppelten Größe von Notre Dame de Paris. Eines der größten Mausoleen der Welt. Und sicher das gespenstischste: Ein Bergwerk in Form einer Kathedrale. Am Ende der gigantischen Felskaverne befindet sich in einer päpstlich anerkannten Basilika heute das Grab Francos. Auf dieses Grab werden immer noch, über dreißig Jahre nach Ende der faschistischen Diktatur, täglich frische Blumen gelegt, von Patres des anliegenden Klosters, und täglich wird für den toten Diktator dort eine Messe gelesen. Vor meinen Augen führte ein Pater die Wandlung durch, hob den Kelch vor der Grabplatte, als wollte er dem Diktator zuprosten, und trank das Blut Christi. Seit dem 1. Januar 2008 ist die Franco-Verherrlichung in Spanien verboten. Aber der Besuch seines Mausoleums und das Messelesen vor Francos Grab wurden nicht verboten.

Hier wird das Bündnis von Katholizismus und Faschismus täglich neu zelebriert und bekräftigt. Heute. Und in Zukunft. In Europa. In einem EU-Mitgliedstaat. Finden Sie nicht auch, dass dieser Sachverhalt dem Satz »Wir sind Papst« eine ganz neue Bedeutung gibt? Und: Warum finden Sie das unerheblich? Kratzt Sie das? Irritiert Sie das?

Warum glauben Sie, dass das keine Bedeutung hat und Sie daher weiternicken können, wenn von der moralischen Autorität der Kirche die Rede ist? Sie finden, man kann das nicht verallgemeinern? Wann ist denn das Konkrete allgemein gültig? Und warum zeigt sich das Allgemeine konkret so?

Sind Sie der Meinung, das sei ein anderes Land, das gehe Sie nichts an? Das betreffe Sie nicht? Wenn etwas, das in Spanien geschieht, für Sie als Europäer unerheblich ist, was ist dann Europa für Sie? Immer noch eine Union von Nationalstaaten? Warum aber nicken Sie dann, wenn es heißt, dass diese überwunden werden sollen? Halten Sie das »Valle de los Caídos« für Folklore? Halten Sie den Katholizismus für eine spanische oder eine universale Religion? Oder ist Europa für Sie noch immer das »christliche Abendland«? Und halten Sie das Bündnis von Katholizismus und Faschismus in einem wichtigen europäischen Land für eine Deformation des Christentums, aber die Idee des Christentums im Grunde für gut? Warum akzeptieren Sie dann diesen Satz mit dem groß geschriebenen »ABER« nicht bei anderen gescheiterten Ideologien, die Europa verheert haben – »ABER die Idee war gut«? Oder akzeptieren Sie ihn doch? Warum sagen Sie es dann nicht? Weil Sie nicht aus einer Talkshow hinausgeworfen werden wollen?

Als ich aus Spanien zurückkam, las ich zwei Meldungen in den Zeitungen: Der Papst sprach vierhundertachtundneunzig Priester selig, die im spanischen Bürgerkrieg ermordet wurden, es war die größte Seligsprechung in der Geschichte – allerdings wurden nur jene seliggesprochen, die Franco-treu gewesen waren und auf der Kanzel den Arm zum Faschistengruß erhoben hatten. Jene aber, die von den Faschisten ermordet worden waren, weil sie sich auf die Seite der Republik gestellt hatten, wurden nicht seliggesprochen, sie wurden vielmehr von der kirchlichen Opferliste gestrichen. »Valle de los Caídos« – ist das Europa, dieses Tal? Die zweite Meldung: Zugleich wurde in Österreich eine Gala anlässlich des 50. Geburtstages der »Oberösterreichischen Ferngas AG« begangen. Bei dieser Feier wurde von der Militärmusik-Kapelle der von einem Oberst komponierte »Ferngas-Marsch« uraufgeführt und dann – das österreichische Ferngas vom Probst des Chorherrenstiftes gesegnet. Ferngas. Gesegnet. Bei Militärmusik.

Ist das ernst? Oder mörderisch unernst? Beides? Beides zusammen ist sicher beides. Und jedes für sich? Wann ist das Besondere allgemein gültig?

Sind Sie der Meinung, dass es Blasphemie oder zumindest völlig überzogen ist, wenn ich der Meinung bin, dass der Katholizismus unter das Wiederbetätigungsverbot fallen sollte? Oder finden Sie, dass nur nicht-katholische Faschisten belangt werden sollen? Warum sind Sie dieser Meinung? Wegen Ihrer Ideale? Was sind das für Ideale? Können Sie sie formulieren? So, dass sie nicht in Widerspruch zu solcher Realität stehen? Oder sind Sie dieser Meinung, weil sie tatsächlich keine Ideale haben? Wenn Sie keine Ideale haben: warum bezeichnen Sie sich als Europäer, womöglich als »glühender«? Wie definieren Sie Ihr Europäertum ohne Ideale? Durch diese Realität? Oder durch Ihre Interessen? Was haben Sie für Interessen? Papst zu sein? Supermacht zu sein? Oder sind das auch Ideale? Wenn Ja oder wenn Nein, glauben Sie trotzdem, keine Illusionen zu haben? Halten Sie sich in irgendeinem Bereich für einen Spezialisten? Glauben Sie, etwas beurteilen zu können? Wenn Sie einen Vorhang sehen, können Sie die Qualität des Stoffes beurteilen, ein Urteil über sein Muster ästhetisch begründen – oder wollen Sie den Vorhang einfach zur Seite ziehen?

Oder ist das alles für Sie nebensächlich? Halten Sie die besondere Gestalt des Vorhangs für unwichtig und das, was man sieht, wenn man ihn zur Seite zieht, nicht unbedingt für typisch? Finden Sie, dass es bei Europa um etwas ganz anderes geht? Können Sie es formulieren? Können Sie es so formulieren, dass es nicht sofort durch die Realität als Floskel oder als weltfremdes Ideal widerlegt wird? Denken Sie an Demokratie? Denken Sie an Europa als Friedensprojekt? Glauben Sie, dass das die wahren Identitätsbestimmungen Europas sind, so hehr und heilig wie zugleich schon fest in der Realität verankert? Waren Sie erleichtert, als der smarte, weltoffene, liberale Donald Tusk in Polen den Kaczynski-Zwilling als Premier ablöste? Oder ist Polen für die EU unerheblich? Was halten Sie von dem Satz: »Lieber Marktwirtschaft ohne Demokratie als Sozialismus mit Demokratie«? Der Satz stammt vom neuen polnischen Premier. Verstehen Sie, warum die politischen Repräsentanten der EU so glücklich waren, als Donald Tusk die Wahlen in Polen gewann? Was ist Demokratie für Sie? Regelmäßige Wahlen? Waren Sie Teil jener Minderheit, die das europäische Parlament gewählt hat? Haben Sie sich schon einmal gefragt, was es bedeutet, dass das europäische Parlament in der Geschichte des Parlamentarismus das erste ist, das keine gesetzgebende Kraft hat? Wer macht die Gesetze, die EU-Verordnungen und Richtlinien? Rat und Kommission. Haben Sie Rat und Kommission gewählt? Nein. Darf das europäische Parlament die einzelnen Mitglieder von Rat und Kommission wählen? Nein. Darf das europäische Parlament in zentralen Politikfeldern wie Außen- und Verteidigungspolitik oder bei Euratom mitentscheiden? Nein. Hat das Parlament das Budgetrecht? Nein. Wenn Sie bei den letzten europäischen Parlamentswahlen wählen gegangen sind, werden Sie wieder wählen gehen? Wird der Reformvertrag vulgo »EU-Verfassung« daran etwas ändern? Nein. Aber festgehalten ist: »Die Mitgliedstaaten verpflichten sich, ihre militärischen Fähigkeiten schrittweise zu verbessern.« Die militärischen Fähigkeiten. War nicht Friede das Ziel? Haben Sie den Reformvertrag gelesen? Lesen wollen? Die Grundrechtscharta erhärtet den neoliberalen Charakter der EU, aber schafft »keine neuen Rechte und Grundsätze«, wie im Protokoll Nr. 7 festgehalten ist. Sie genießt auch keinen Vorrang vor dem Wettbewerbsrecht. Auf den freien Kapital- und Warenverkehr konnten sich 27 Regierungen einigen, auf soziale Grundrechte aber nicht. Würden Sie darüber gerne abstimmen? Sie können es nicht. Es ist kein Referendum vorgesehen. Denn die EU muss handlungsfähig sein, um »in der Welt ernst genommen zu werden« – ist das Ihre Angst: in der Welt nicht ernst genommen zu werden? Von wem? Von den Supermächten? Von der Supermacht, in der der Kandidat mit den meisten Stimmen die Wahl verliert? Oder von der Supermacht, die nach den Morden auf dem Platz des Himmlischen Friedens von unseren gewählten politischen Repräsentanten hofiert wird? Sind das für Sie unzulässig moralische Sätze? Wann sind Fakten für Sie nicht moralisierend? Wenn Sie Ihrer Moral nicht widersprechen? Glauben Sie, dass Sie in demokratischen Verhältnissen leben, nur weil es täglich behauptet wird? Ist Demokratie für Sie ein Ideal? Bedeutet das, dass sie sich davon nichts in der Realität erwarten? Oder sind die Realität und Ihre persönlichen Ideale ohnehin schon einigermaßen deckungsgleich? Weil für alles, was Sie in Ihrem Leben erwarten, Demokratie gar nicht erforderlich ist? Was erwarten Sie sich im Leben? Wohlstand, Konsum, Sicherheit, eine einigermaßen funktionierende Infrastruktur an Ihrem Lebensort und als Voraussetzung dafür stetes Wirtschaftswachstum? Dafür bedarf es keiner Demokratie. Sind Sie bereit, das laut zu sagen? Oder erscheint Ihnen das doch fragwürdig? Sind Sie bereit, Fragen zu stellen? Wie wichtig ist Ihnen Sicherheit? Wie sicher sind Sie, dass das kein Zauberwort ist? Sind Sie stolz darauf, dass Sie nichts zu verbergen haben, zumindest nichts, das durch Überwachungskameras oder den genetischen Fingerabdruck erfassbar ist? Sind Sie sicher? Heben Sie gern die Hand? Ist das ein Gruß oder Ausdruck von Wahlverhalten? Oder Nicht mehr und Noch nicht?

Sind Sie bereit sich zu fragen, was geeignet wäre, die Zauberworte zu entzaubern, das Fraglose in Frage zu stellen, das Wort als Antwort zu ergreifen? Denn wir sollten uns schon selbst fragen, was wir irgendwann ja doch gefragt werden, nämlich: Welche Fragen habt Ihr Euch gestellt, um Euch in Eurer Zeitgenossenschaft zu begreifen? Oder werden Sie nur mitmachen und funktionieren, bis Sie gezwungen werden, wieder mitzumachen, wenn es das nächste Mal heißen wird: Dies soll nie wieder geschehen dürfen?

Noch ist »Europa« ein Ort Nirgendwo – und wir sind seine Bewohner.

Die Durchflutung aller Lebensbereiche mit Demokratie, die versickert

Sehr geehrte Damen und Herren!

»Das größte Argument gegen die Demokratie ist ein fünf-minütiges Gespräch mit einem durchschnittlichen Wähler«, sagte einst Winston Churchill, aber so richtig vertrackt wird es mit der Demokratie erst, wenn wir jenen Wählern zuhö-ren, die zuvor selbst gewählt worden sind: zum Beispiel den Abgeordneten von ÖVP oder SPÖ, die Martin Graf zum Prä-sidenten des österreichischen Parlaments gewählt haben. Was sie in Interviews und Erklärungen sagen, ist nieder-schmetternd. Für die Demokratie. Es wäre schön, wenn der Fall Graf ein *Skandal* wäre, also etwas Ungeheuerli-ches, das nur eine Ausnahme darstellt. Aber leider ist er ein aktuelles *Exempel*, bloß ein weiteres kleines Beispiel dafür, dass es just immer wieder die Repräsentanten der Demo-kratie selbst sind, die die Demokratie beschädigen.

Martin Graf war vor seiner Wahl zum Parlamentspräsiden-ten kein unbeschriebenes Blatt. Er war nicht einmal ein be-schriebenes Blatt, auf dem das Ärgste ausradiert war. Aus-radieren, das steht auf seinem Blatt, ist etwas, das er mit anderen vorhätte. Martin Graf ist Mitglied einer vom Ver-fassungsschutz als rechtsextrem eingestuften Organisation, in deren Clubräumen, wie bekannt wurde, gern mal fröh-liche Lieder über den »Spaß« der Judenvernichtung gesun-gen werden. Er lädt Geschichtsrevisionisten zu Vorträgen, verharmlost den Nationalsozialismus, er weigert sich öffentlich, Antifaschismus als Grundkonsens der Republik anzuerkennen, und beschäftigt Parlamentsmitarbeiter, die bei einem rechtsextremen Versandhaus T-Shirts mit »lustigen« Nazi-Sprüchen bestellen.

Jeder Abgeordnete, der Graf wählte, wusste, wen er wählte, und sie alle hatten dafür nur ein einziges Argument: Es sei »Usance«, den Kandidaten der drittstärksten Parlamentsfraktion zum dritten Parlamentspräsidenten zu wählen. Und auch der demokratisch gewählte österreichische Bundespräsident Heinz Fischer sagte, dass er nichts davon halte, diesen »Grundsatz« in Frage zu stellen.

Das Interessante an diesem Grundsatz ist nur: er steht nicht in der Verfassung, er steht in keinem Bundesgesetz, er steht auch nicht in der Geschäftsordnung des Parlaments. Der »Grundsatz« verdankt sich lediglich der Tatsache, dass es immer so war. Eben »Usance«. Mit anderen Worten: Die Mehrheit der österreichischen Abgeordneten und auch der österreichische Bundespräsident sind der Meinung, dass das Gewohnheitsrecht über dem geschriebenen Recht steht – als würde der Paragraph 1 der österreichischen Verfassung tatsächlich lauten: »Österreich ist eine demokratische Republik. Alle Macht geht von der Gewohnheit aus.«

Welchen Vorzug hat eine Demokratie, in der Staatsoberhaupt und Abgeordnete erklären, abgestimmt wird nach dem Gewohnheitsrecht? Was ist das für eine Demokratie, in der bei einer Wahl *ein bestimmter Kandidat* gewählt werden *muss*?

Nun braucht eine Demokratie tatsächlich verbindliche Regeln, sonst wären alle politischen Entscheidungen Produkt von Willkür. Aber ist dieser »Grundsatz«, Gewohnheitsrecht über den Rechtszustand zu stellen, nicht auch blanke Willkür?

Das schon, aber bevor die Willkür Konsequenzen hat, sei *jetzt* die parlamentarische Geschäftsordnung vor: Als die Forderung unüberhörbar wurde, Martin Graf abzuwählen, hieß es, dass dies leider nicht möglich sei – weil in der Geschäftsordnung nicht vorgesehen. Als daraufhin vorgeschlagen wurde, dann eben die Geschäftsordnung zu ändern, wurde dies von den ÖVP-Abgeordneten mit der Begründung abgelehnt, das wäre etwas ganz Verwerfliches, nämlich »Anlassgesetzgebung«.

Den ÖVP-Abgeordneten will ich sehen, der auch nur ein einziges Gesetz nennen könnte, das völlig ohne Anlass beschlossen wurde.

Wenn die Banken von einem Tag auf den anderen vom Staat Milliarden brauchen, um nicht zu krachen, dann wird sofort ein entsprechendes Gesetz beschlossen. Aber das ist keine »Anlassgesetzgebung«, sondern eine »Rettungsaktion«. Und Herr Graf muss ja nicht gerettet werden – er ist ja durch Gewohnheitsrecht und Geschäftsordnung ohnehin gerettet.

Wenn es darum geht, den Kapitalismus zu retten, dann folgen die Abgeordneten blitzschnell ihrem Gewissen – und formulieren ein Gesetz. Aber wenn es »nur« darum geht, dass demokratisch gewählte Abgeordnete die Demokratie – *ernst nehmen,* zumindest formal, dann formulieren sie unfreiwillig komische Phrasen.

Als ich zur Schule ging, hörte ich nie den Begriff *Kapitalismus*, und *Kapital* wurde bloß als Synonym für eine größere Geldsumme verwendet. Aber wir lernten viel über *Demokratie* – ungefähr so viel, wie man von Tibet lernt, wenn man täglich tibetanische Gebetsmühlen hört. Demokratie war »das System«, es hatte Kaiser-Herrschaft und Hitler-Terror abgelöst, und nun war alles gut. Kein Wort über *Demokratiegeschichte,* keines über die Konstitution der Monarchie, nichts über die Erste Republik und auch kein Wort darüber, dass sowohl Austrofaschismus als auch Nationalsozialismus mit den Möglichkeiten, die demokratische Verfassungen geboten haben, an die Macht gekommen sind. Politische Bildung funktionierte in der Zeit, als Österreich die Demokratie *einübte,* wie simple Werbeeinschaltungen: »JETZT NEU! DEMOKRATIE! Endlich die beste aller Welten! Überall dort, wo es Demokraten gibt!« Wir sollten nun glücklich sein *im Gefühl* der Freiheit. Nur die Erfahrungen sprachen dagegen. Die Schule war autoritär, das Internat war autoritär, jede Straßenbahn mit Schaffner, jeder Park mit Parkwächter, jedes Wohnhaus mit Hausbesorger war autoritär. Ich dachte damals, dass Freiheit mit all ihren Möglichkeiten der Selbst- und Mitbestimmung etwas Wunderbares, aber ein Privileg der Erwachsenen war. Demokratie erfuhr ich also zunächst als *Ideal,* das sich gleichsam biologisch erfüllen würde: Ab einem gewissen Alter würde ich in den Genuss kommen. Das änderte sich schnell und gründlich nach Ende der Schulzeit, mit Beginn des sozialdemokratischen Jahrzehnts der siebziger Jahre. Nun wurde ausgesprochen, dass Demokratie buchstäblich ein Ideal ist, das heißt: also noch lange nicht Realität. »Mehr Demokratie wagen!« (Brandt), »Durchflutung aller Lebensbereiche mit mehr Demokratie« (Kreisky), »Demokratische Politik muss sich in den Inhalten erweisen, nicht nur in ihrer Form« (Palme) – da sagten es die Regierungschefs selbst: Wir mussten erst erringen, was anzubeten die Schule uns gelehrt hatte. Das allerdings war faszinierend! Jetzt war auch der Begriff *Kapitalismus* da, er, und nicht *Demokratie,* bezeichnete das *System,* in dem wir leben, und die repräsentative parlamentarische Demokratie ist bloß *eine* seiner *mög-*

lichen politischen Organisationsformen. Diese Unterscheidung war wichtig, denn wenn Kapitalismus und Demokratie nicht untrennbar verbunden sind, dann war klar, dass die Demokratie nicht nur nicht bereits weitestgehend verwirklicht, sondern noch dazu jederzeit bedroht war: Was, wenn der Kapitalismus die Demokratie nicht mehr brauchen konnte? Wenn demokratische Entwicklungen den Kapitalismus behindern und einschränken? Es war klar, es ist klar, und es wird sich immer wieder klar zeigen, dass dann die Demokratie auf der Strecke bleibt, wenn es nicht gelingt, tatsächlich alle Lebensbereiche mit Demokratie zu durchfluten, es zu wagen, sie täglich als Anspruch zu leben und nicht bloß als Formalismus zu erfüllen.

Ich kann nicht sagen, dass ich dies, die Entsorgung der Demokratie durch den Kapitalismus, wirklich befürchtet habe, wir haben es in unseren Seminaren und Arbeitskreisen zunächst einmal behauptet, sozusagen »logisch abgeleitet«, und *historische* Beispiele gab es ja. Aber dann haben wir es doch auch immer wieder selbst in unserer Lebenszeit erfahren: Zum Beispiel beim US-amerikanisch organisierten und von der ganzen demokratischen Welt abgenickten Putsch gegen einen demokratisch gewählten Präsidenten in Chile. Oder dann vor der Haustür während des sogenannten Deutschen Herbstes. Bei den Maßnahmen gegen die Terroranschläge erwies sich die Demokratie als das schwächste Glied in der Kette Kapitalismus-Staat-Gesellschaft-Demokratie. Es kam in Deutschland zu Berufsverboten, Notstandsgesetzen und massiven Einschränkungen von bürgerlichen Freiheiten. Noch dazu unter Federführung sozialdemokratischer Kanzler. Und es wurde just die Verteidigung der Demokratie als Legitimation für diesen Abbau der Demokratie ins Treffen geführt. Wie dann später übrigens auch bei den antidemokratischen Konsequenzen in Folge von »Nine Eleven«.

Das sind historisch faktisch belegbare Erfahrungen: Wurde Demokratie, bei gegebenem *Anlass*, abgebaut – funktionierte alles andere klaglos weiter: Kapitalismus, Staat und Gesellschaft. Und Demokratie bedeutete plötzlich nichts anderes mehr als: Legitimation durch Duldung.

Dies ist eine Erfahrung, die jeder machen konnte, aber die wenigsten wahrhaben wollten: Auch dort, wo demokratische Prinzipien im Grundgesetz verankert sind, ist Demokratie bedroht, weil in kritischen Momenten die politischen Eliten (demokratisch gewählt) dazu neigen, Demokratie zurückzustutzen (außenpolitisch: zu zerstören), vorgeblich zur Verteidigung der Demokratie, de facto aber zur Verteidigung von allem außer der Demokratie.

Diese Erfahrung bedeutet nicht bloß eine Enttäuschung für Idealisten, sondern ist eine objektive Katastrophe für das allgemeine und gesellschaftliche Bewusstsein: Es wurde und wird darauf eingeschult, Demokratie und Bürgerrechte als Abschreibposten zu sehen, wenn dadurch eine positive Bilanz beim Funktionieren von Staat und Wirtschaft gewährleistet werden kann. In jeder politischen, wirtschaftlichen oder sozialen Krise ist immer die Demokratie das Opferlamm, mit dem die politischen Repräsentanten das »Wohlwollen des Schicksals« (in seiner schönsten Erscheinungsform von Ruhe und Ordnung) zu erringen versuchen. Das läuft nicht bewusst ab, aber faktisch und immer wieder erfahrbar, sodass es sich gesellschaftlich in Reaktionsweisen und Haltung festsetzt.

Von allen großen Begriffen ist Demokratie wohl der abstrakteste, abstrakter noch als »Gott«, von dem die Gläubigen in der Regel konkretere Vorstellungen und Bilder haben. Man muss nur einmal die Ergebnisse der Meinungsforschung lesen, was die überwältigende Mehrheit der Menschen von einem funktionierenden demokratischen Gemeinwesen erwartet: Wohlstand und wachsende Konsummöglichkeiten (auf der Basis von Wirtschaftswachstum, befördert durch staatliche Wirtschaftspolitik), Sicherheit von Leib, Leben und Besitz (ein konsequenter, mit weitestgehenden Befugnissen ausgestatteter Polizei- und Justizapparat), eine funktionierende Infrastruktur (Straßen, öffentlicher Verkehr, Post, Telekommunikation, Schulen, Spitäler etc., ob privat oder vergesellschaftet, auf jeden Fall staatlich garantiert), Arbeitsplätze (möglichst billig für Arbeitgeber, in ausreichender Anzahl und möglichst sicher für Arbeitnehmer, durchgesetzt durch staatliche Beschäftigungspolitik), sichere Pensionen (ob ergänzt durch private Vorsorge oder nicht, auf jeden Fall staatlich garantiert), alle möglichen Formen von Schutz (Mieterschutz, Konsumentenschutz, staatlich einklagbar), Friede (der aber immer nur als Folge der Aufrüstung von Staaten und militärischer Pakte vorgestellt wird) und so weiter – man kann die Liste fortsetzen und wird doch nur immer wieder feststellen, dass zur Erfüllung all dieser kollektiven Erwartungen, Forderungen und Sehnsüchte zwar der Staat notwendig, aber Demokratie nicht erforderlich ist. All diese Ansprüche können auch ohne Demokratie befriedigt werden. Wenn dem so ist, dann müssen wir zur Kenntnis nehmen: Die Ansprüche, die vorgeblich an die *Demokratie* gestellt werden, richten sich bloß an den *Staat,* wobei die Erwartungshaltung naturgemäß stärker wird, wenn der Staat stark ist, wenn also ein starker Mann sichtbar ist – und nicht ein starkes Parlament. Und genau darin erweist sich, dass selbst für den demokratischen Staat die Demokratie nur ein *mögliches, mehr oder weniger entwickeltes, jederzeit rückstutzbares* Regelsystem, aber kein Fundament darstellt.

Aber es hat ja funktioniert: Alle waren mehr oder weniger zufrieden. Nach Ende des sozialdemokratischen Jahrzehnts war »Demokratie« zwar kein Begriff mehr, dem man Weihrauch schwenkend huldigte, sondern nur noch eine abstrakt allgemeine Bezeichnung für die »Umstände«, die einfach so bleiben sollten, wie sie waren, und in denen man freies Ressentiment gegen »die da oben« und die »schlanke Meinung« (»Ich will so bleiben, wie ich bin« – »Du darfst!«) für Meinungsfreiheit halten konnte, eine Verwechslung, die bestärkt wurde von den Meinungsmachern der Medienmonopole.

Aber: trotz aller demokratiepolitischen Defizite, die man strukturell, institutionell und im gesellschaftlichen Bewusstsein beklagen konnte – man hatte doch demokratische Standards erreicht, wie es sie auf diesem Kontinent in der Geschichte noch nie gegeben hatte.

Der Begriff »Kapitalismus« allerdings verschwand wieder aus der Diskussion, weil man ja »drüben« sehen konnte, dass es ohne nicht zu gehen schien.

Aber es blieb nicht, wie es war. Wir erlebten *Geschichte*. Den Beitritt zur EU. Der Staat, an den alle Ansprüche gestellt wurden im Glauben, dass sich Demokratie, oder was man von ihr erwartete, in ihm und durch ihn erfülle, trat seine Souveränitätsrechte an eine höhere Instanz ab.

Man sollte glauben, dass auf höherer Ebene die Standards höher sind. Oder dass dies zumindest die Forderung wäre: dass die Standards höher sein müssen. Tatsächlich aber zeigte sich auf EU-Ebene, dass »höherer Standard« in Hinblick auf Demokratie bloß bedeutet, dass die Demokratie auf höherem Organisationsniveau (und damit konsequenter) als das behandelt wird, was sie zuvor auf uneingestandene

Weise war: als Abschreibposten. Auch die politischen Eliten der westlichen Demokratien haben es in den letzten Jahrzehnten nicht anders gelernt: die »Demokratie« als ein Regelsystem zu betrachten, dessen Pragmatismus sich darin erweist, dass die Verwaltung, die Märkte, die gesellschaftliche Infrastruktur funktionieren, nach Gesetzen – die nirgends geregelt wurden: nach den Gesetzen der *faktischen* Macht des Kapitals; der *wirklich* starken Lobbys; der *real* machtvollen Interessen.

In allen westlichen Staaten hatte es immer schon diese Spannung gegeben: zwischen den demokratischen *Idealen* und jenem Pragmatismus, der energisch dafür sorgte, dass sich die Demokratie nicht zur Geschäftsstörung entwickelt. Und die EU ist das Werk von *Pragmatikern*. Diese sind, damit kein Missverständnis aufkommt, keine Verschwörer. Es sind großteils hochgebildete, freundliche, engagierte Menschen – die nichts anderes kennen. *Das* ist das Problem. Es sind Menschen, die zu Zeiten der Leibeigenschaft sich nichts anderes hätten vorstellen können als ein auf Leibeigenschaft basierendes Feudalsystem. Die sich in der faschistischen Epoche nichts anderes hätten vorstellen können als einen Führerstaat. Es sind Menschen, die das grundsätzliche Talent haben, *unter gegebenen Voraussetzungen* Karriere zu machen. Pragmatismus *ist* in letzter Instanz nichts anderes. Sie sind die Auserwählten. In formalen Demokratien sind sie die Gewählten.

Das ist auch der Grund, warum die EU-Repräsentanten, wenn die Stimmung in den Keller sinkt und die Wahl zum EU-Parlament ansteht, die EU immer nur *erklären* wollen, »besser kommunizieren«, verblendet vom Faktischen – ohne sich selbst die Frage zu stellen, geschweige denn sie beantworten zu können, warum auf höherer Ebene die demokratischen Standards niedriger sind, als sie es zuvor in den einzelnen demokratischen Staaten gewesen waren. Das europäische Parlament hat kein Gesetzesinitiativrecht, es kann die Regierung (Kommission) weder selbst wählen, noch ein einzelnes Mitglied der Regierung abwählen, und es bleibt von zentralen Politikfeldern wie Außen-, Sicherheits-, Steuerpolitik, Kapitalverkehr oder bei Euratom ausgeschlossen. Vor einem Vierteljahrhundert wäre ein solcher dramatischer Rückschritt in der Geschichte des Parlamentarismus völlig undenkbar gewesen – heute wird er nicht nur als *pragmatische Lösung*, sondern unter Verweis auf den Lissabonner Vertrag (der diesen Rückschritt in Stein meißelt) als *Verbesserung* verkauft! Dass das Parlament weniger legislative Kompetenz hat als die Exekutive (Rat und Kommission), ist einzigartig und ein eklatanter Widerspruch zum Prinzip der Gewaltenteilung. Die EU setzt sich mit dem Lissabonner Vertrag das Ziel, auch »andere Handelshindernisse« als Zölle zu beseitigen – erfahrungsgemäß sind das aber demokratisch durchgesetzte Gesetze zum Schutz der Gesundheit, der Umwelt, der Arbeitssicherheit und der Beschäftigung. Die viel gepriesene Grundrechtscharta genießt keinen Vorrang vor dem Wettbewerbsrecht. Auf den freien Kapitalverkehr konnten sich die Repräsentanten von 27 Staaten einigen, auf soziale Grundrechte nicht. Die Bevölkerungen würden anders entscheiden.

Wir dürfen also ein nationales Parlament wählen, das seine Souveränität »an Brüssel« abgegeben hat und daher gezwungen ist (egal wie hier Wahlen ausgehen und in welchem Kräfteverhältnis die Parteien im Parlament sitzen), die EU-Richtlinien und Verordnungen zu nationalem Recht zu machen. Allerdings dürfen wir auch das Europäische Parlament wählen – das aber kein Initiativrecht für Gesetze

hat. Die Gesetze werden von der Kommission formuliert –
die wir aber nicht gewählt haben. (Im Moment beansprucht
die ÖVP einen frei werdenden Kommissions-Sitz, der »Österreich« zusteht, für sich, weil er immer schon, »Usance«,
schwarz war. Diese sich selbst so nennende »Europa-Partei« kommt gar nicht auf die Idee, sich zu fragen, wen der
Souverän wählen würde!) Irgendwo dazwischen evaporiert
die Demokratie, und wir reden in Dunst und Nebel vom
»faszinierenden Friedensprojekt EU«, während im Lissabonner Vertrag ein Aufrüstungsmandat der EU und Aus-
landsmilitäreinsätze festgeschrieben wurden, expressis ver-
bis auch ohne UN-Mandat! Und tatsächlich haben sich
einige EU-Mitgliedstaaten in jüngster Zeit an einem völker-
rechtswidrigen Angriffskrieg ohne UN-Mandat beteiligt.
Wir erleben Geschichte. Plötzlich kam auch der Kapitalismus wieder in Diskussion, zunächst triumphalisch, in
Siegerpose, nach dem Fall der Berliner Mauer und dem
Zusammenbruch der Sowjetunion. Wie verführerisch (weil
eingeübte »Usance«?) für die ehemaligen Ostblockstaaten,
die neu errungene Freiheit gleich wieder bei den Siegern
abzugeben. Dann aber, nach der Finanzmarktkrise, stand
der Kapitalismus als begossener Pudel da. Und des Pudels
europäischer Kern ist der im Reformvertrag festgeschrie-
bene neoliberale Charakter der EU. Aber der Vertrag darf
nicht mehr geändert werden. Denn die EU muss »handlungsfähig« sein, auch wenn Handlungsfähigkeit nicht viel
mehr bedeutet als Glühbirnenverbot, Freihandel und militärische Aufrüstung.
Jetzt gehen wir das Europäische Parlament wählen, aber
vorher unterschreiben wir noch, dass in *unserem* Parlament
Martin Graf zurücktreten soll. Wie schön, dieser Ausdruck
unserer Liebe zur parlamentarischen Demokratie! Nur: Was

immer Martin Graf sagt, singt oder bestellt – es zerstört keine Arbeitsplätze, verringert nicht die Konsumnachfrage, behindert nicht den Transit- und Kapitalverkehr, führt zu keinen Störungen bei Internet oder Mobiltelefonie, und – es stört auch nicht die ritualisierten Abstimmungen, mit denen EU-Verordnungen und Richtlinien zu österreichischen Gesetzen gemacht werden *müssen.*

Er sitzt einfach da, ein kleiner Vorsitzender, der nur ein Symbol ist – für unser Achselzucken über das langsame Versickern der Demokratie in den demokratischen Institutionen.

Was von der Demokratie bleiben wird? Staatsämter – in absterbenden Staaten.

Strukturwandel der Innerlichkeit
der Öffentlichkeit

Sehr geehrte Damen und Herren!

Ich bin der erste in meiner Familie, der sich nicht daran erinnern kann, wo er sich gerade befunden und was er just in dem Moment getan hatte, als er von der Ermordung John F. Kennedys erfuhr. Aber heute weiß ich, dass ich mich immer daran erinnern werde können, dass die Ermordung Kennedys das erste Ereignis in meiner Lebenszeit war, das ganz offensichtlich so etwas wie eine globalisierte Gefühlsreaktion hervorrief: Dieses unfassbare Abstraktum einer »Weltöffentlichkeit« war nun auch mit einer Weltinnerlichkeit ausgestattet.

Ich hatte Glück, als Kennedy ermordet wurde: Ich war damals noch kein Zeitungsleser. Einen Fernsehapparat hatten meine Eltern noch nicht, und das Radio war schon längst kein Volksempfänger mehr. Ich hatte also insofern Glück, als meine Gefühle und Reaktionen, mein ganzes Wesen im Augenblick dieses weltgeschichtlichen Ereignisses völlig unschuldig waren – und noch heute, wenn ich an Kennedys Ermordung erinnert werde, habe ich Sehnsucht danach: nach meiner damaligen Unschuld!

Ich kann mich allerdings gut daran erinnern, dass die Tage damals ungewöhnlich hell waren. Die Erde muss sich gerade besonders nahe an der Sonne befunden haben, weil alles so grell, so überbelichtet erschien. Es war eine Zeit der Blendungen. Ich sehe mich mit geschlossenen Augen neben meinen Eltern stehen, sie reden mit anderen Erwachsenen, denen sie gerade zufällig auf der Straße begegnet sind, sie alle tragen Sonnenbrillen, meine Mutter hat eine besonders schicke Brille: mit Jalousien! Eine Brille aus Amerika! Sie reden über die Schüsse von Dallas. In der »Wochenschau« sind Bilder zu sehen. Eine kurze Filmsequenz, wie Jackie sich in der offenen Limousine über ihren tödlich getroffenen Mann wirft. Und noch einmal, und wieder. Unausgesetzt, eine ganze Woche lang, und danach bis in alle Ewigkeit muss John F. Kennedy zusammensacken, muss seine Frau sich über ihn werfen, muss die Kamera plötzlich hochfahren auf der Suche nach dem Ort, von dem die Schüsse kamen, und da oben war nichts als die texanische Sonne, die nun im Film explodiert. Ich schaue auf zu den Erwachsenen, sehe mich um, blinzelnd, zwinkernd, so grell war der Schein. Es gab damals keine satten Farben, nur ganz zarte, sehr blasse, so als würde erst jetzt, nach der Durchsetzung des amerikanischen Farbfilms, die Farbe auch in die Wirklichkeit langsam hineinrinnen dürfen. Und ich empfand Eifersucht. Das weiß ich noch: Ich war eifersüchtig auf diese bestürzten, traurigen, geschockten Erwachsenen. Warum? Den Grund dafür liefert die Erinnerung nicht mit, nur soviel, was nicht viel mehr ist als ein Verdacht: Ich glaube, dass die Erwachsenen in ihrer Trauer und ihrem Schock zugleich auch glücklich waren. Warum? Vielleicht weil dieses menschenverbindende Unglück – die Menschen eben verband. In einem ungekannten Ausmaß: Was sich da verband, überstieg nicht nur die Familienbande, jegliches Standesbewusstsein, auch das Nationalgefühl, sondern alle weltanschaulichen Bindungen, die immer Bindungen bloß an einen Teil der Welt sind, und Rassen- oder sonstiges Kollektivbrimborium sowieso.

Mit heutigem Bewusstsein, so unideologisch wie möglich und so ideologisch wie unvermeidlich, kann man es vielleicht folgendermaßen erklären: Man konnte damals fühlen, wie glücklich Menschen sein können, wenn sie sich als Menschheit empfinden, wie schön die völlige Übereinstimmung mit der Welt ist, diese uralte Sehnsucht, die sich seit Kain und Abel groteskerweise in dem Satz »Alle Menschen werden Brüder« erfüllen wollte. Eine weltgeschichtliche Sekunde lang war es spontan der Fall: Sie waren Brüder in der Trauer, Brüder im Schmerz, aber eben Brüder – die Seelen der geschockten Menschen schwangen also im Rhythmus der Ode an die Freude. Dieses Glück, und nicht die grelle Sonne war es, das in den Tränen irgendwie glitzerte. Der Weltgeist war herabgestiegen, sogar in die Niederungen des Boulevards, und ich empfand, ohne es zu verstehen, Eifersucht auf die hellen, sonnigen Pastellfarben einer Jugend, die nicht meine war, obwohl ich, das Kind, jünger war als sie: Aber die Trauernden und die sich Tröstenden, alle, alle Menschen waren jung damals, so jung wie der ermordete Präsident gewesen war, sogar meine Großeltern waren in einem geschichtlichen Sinn jünger als ich, einfach deshalb, weil damals alle rechtsfähigen Generationen sich gleichsam zu einer einzigen jungen Generation zusammengefasst hatten, um eine neue Welt aufzubauen – in die ich erst hineinwachsen sollte.

Sachlich, soweit man das überhaupt so sagen kann, hält dieser Befund natürlich der Wirklichkeit nicht stand. Ich sehe in meiner Erinnerung meine Mutter mit ihrer amerikanischen Brille, höre sie sagen, dass »Kennedy uns den Weltfrieden hätte bringen können«. Das stimmte schon damals nicht, auf dem Stand der Erfahrungen meiner kleinen Nachgeborenenwelt, weil das Kind, das ich war, natürlich glaubte, ohnehin in Friedenszeiten zu leben, und es stimmt auch und erst recht retrospektiv nicht, weil Kennedy der amerikanische Präsident war, der den Vietnam-Krieg begonnen hatte, was die Adepten des Kennedy-Mythos bis heute ausgeblendet und sogar die Johnson und Nixon bekämpfenden Kinder vergessen haben.

Ich kann mich sehr gut daran erinnern, wo ich mich gerade befunden und was ich just in dem Moment getan habe, als ich von den Ereignissen des 11. September erfuhr. Davon zu erzählen wird allerdings schon dadurch kompliziert, dass ich nicht weiß, mit welchem 11. September ich beginnen soll. Diese Gespaltenheit deutet bereits an, dass ich die spontane Übereinstimmung mit einer sich zivilisiert nennenden Welt und die noch im Schock so schöne Einigkeit mit einer menschlichen Menschheit verloren habe, just als ein weltgeschichtliches Ereignis diese Reaktion mir in meinem Erwachsenenleben nahelegen sollte. Die Idee einer letztlich verbindlichen, sich geschichtlich durchsetzenden Einigkeit in Hinblick auf Friede, Rechtszustand, Freiheit in Sicherheit, überhaupt auf alle zivilisatorischen Werte, war erschüttert und nur erschüttert, statt sich eben in dieser Erschütterung erst recht und noch einmal zu beweisen.

Ich beginne mit dem 11. September, an den auch Sie denken, wenn dieses Datum angesprochen wird: Am 11. September 2001 befand ich mich im Zentrum des Geschehens – also nicht in New York oder Washington, sondern dort, wo das, was an einem singulären Ort der Welt passiert, erst seine weltweite Präsenz bekommt: Ich saß in einem Fernsehstudio. Und wenn man anerkennen muss, dass die mediale Realität nachhaltiger ist als die lokal beschränkte, jeweils physische Wirklichkeit, dann ist es weder Zynismus noch Egozentrik, wenn ich sage, dass ich beim Attentat auf das

World-Trade-Center in New York vor meinen eigenen Augen durch dieses Attentat ausgelöscht wurde. In meiner Lebensrealität war ich in Mainz, life aber war ich im Fernsehen, um ein Interview für einen deutschen Kultursender zu geben. Seitlich befand sich ein Monitor, auf dem ich mich selbst sah und aus den Augenwinkeln kontrollieren konnte, ob die Kamera gerade auf mich oder auf die Moderatorin gerichtet war, die das Gespräch mit mir führte. Wir sprachen gerade davon, dass die Inquisition als historisches Paradigma für den Terror gelten kann, wie er zwangsläufig totalitären Gedankengebäuden entspringt, als auf einmal, just in diesem Augenblick, Unruhe im Studio aufkam. Ich sah das hochirritierte Gesicht der Moderatorin vor mir, sah mich selbst mit erstauntem und fragendem Gesichtsausdruck im Monitor, die Moderatorin stellte noch eine Frage und ich zuckte ratlos mit den Achseln, was, wie mir jetzt nachträglich scheinen will, auf dem Bildschirm so aussah, als wollte ich den Kopf einziehen. In diesem Moment begann ich zu zucken und zu flimmern, nicht wirklich natürlich, sondern nur meine Ausstrahlung, mein Bild brach auf dem Monitor weg, »ich« war in meiner Life-Situation ausgelöscht, und stattdessen waren nun die Türme des World-Trade-Centers auf dem Bildschirm zu sehen, der Rauch, der aus einem Turm herauswallte, und da auch schon das Flugzeug, das in einem Bogen, als hinge es an einer Schnur, die unsichtbar von einem Tricktechniker wie ein Lasso geschwungen wurde, auf den zweiten Turm zuflog.

Ich dachte im ersten Moment, dass ein vorbereiteter Beitrag über einen neuen amerikanischen Katastrophenfilm zu früh eingespielt wurde, und fühlte mich am Boden zerstört. Doch da standen schon alle in diesem Studio beschäftigten Menschen vor dem Monitor, der Tontechniker ließ den

Galgen mit dem Mikrophon fallen, unter dem ich gesessen hatte, und der mich um Haaresbreite verfehlte. Aber das spielte schon keine Rolle mehr, weil ich ohnehin nur noch physisch anwesend war, in Mainz, an einem Ort, wo überhaupt nichts passierte, außer dass das, was ganz woanders geschah, nun auch hier, so wie überall auf der Welt zu sehen war und auch von hier in die Welt hinausging. Die Sendung war unterbrochen – und zugleich stimmt dieser Satz nicht, es wurde ja weitergesendet, »die Sendung« ist ja nichts als das Medium, und dieses funktionierte ungebrochen, sendete was das Zeug hielt, nur war jetzt etwas ungleich Wichtigeres auf Sendung, etwas von tatsächlich so großer Bedeutung, dass es in Wahrheit natürlich nicht »mich«, sondern grundsätzlich die »Kultur« hinausgedrängt hatte.

Ich erzähle das nicht, weil ich meine Person oder gar Mainz für so wichtig halte, sondern deshalb, weil es das Ereignis war, bei dem ich, so wie jeder andere auch, nun selbst untrennbar in Erinnerung behalten werde, wo ich mich gerade befand und was ich in dem Moment tat, als es geschah. Und so war es in den folgenden Tagen auch: Jeder wusste und erzählte so wie ich, wo er sich befunden und was er gerade getan hatte, als er von dem Attentat erfuhr. Und doch: Zweierlei war, zumindest nach meiner Erinnerung, anders als die Reaktionen meiner Eltern und überhaupt der »Großen« nach der Ermordung Kennedys. Die eine Differenz hat mit der Entwicklung der Medien zu tun: Nach dem Attentat von Dallas konnten die Medien in kurzer Zeit weltweit bekannt machen, was geschehen war, und es gab Orte, die die Menschen aufsuchen konnten, um Bilder davon zu sehen. Man fragte einander: »Hast du schon davon gehört?«, und nicht: »Hast du schon gesehen?« Allgegenwärtig war der Schock der Menschen, jedoch nicht die schockierenden

Bilder. Nach dem Attentat vom 11. September 2001 aber gab es keinen Ort, wo nicht die Bilder des Attentats immer und immer wieder zu sehen waren – allgegenwärtig waren also die Bilder, die, ununterbrochen wiederholt, den Schock der Menschen, die auf diese Bilder starrten, allmählich verdünnten. Schon am Abend dieses Tages, nach der ichweißnichtwievielten Wiederholung dieser Sequenzen, die das Flugzeug zeigten, das in einem – fast hätte ich gesagt: eleganten – Bogen in den Turm einschlägt, die in sich zusammenstürzenden Türme, die um ihr Leben rennenden Menschen, die Staub- und Rauchwolken, schon da erschien mir die mitgelieferte vorbildliche Schockiertheit und das repräsentative Entsetzen irgendwie artifiziell, genauso künstlich wie die technisch hergestellte omnipräsente Reproduzierbarkeit dieser Bilder. Und die zweite Differenz: Angesichts, buchstäblich: angesichts dieser allgegenwärtig veräußerten Bilder von Trauer, dieses augenblicklich medial reproduzierten vorbildlichen Schocks wollte sich keine Weltinnerlichkeit herstellen, oder besser: wollte so sehr, dass es als Anspruch alle überstieg und sich eher wie eine äußerliche Dunstglocke über die Welt der Zuseher legte. Daher – und ich fürchte, dass ich da nicht übertreibe – gab es auch keine Übereinstimmung der Menschen in einer Menschheitstrauer, keine spontane Solidarität als Gattungssolidarität, keinen systematischen Schock außerhalb des Orts des Geschehens, der ein Schock wegen der Verwundbarkeit des Systems gewesen wäre.

Zweifellos empfand jedes Gemüt Mitgefühl mit den Opfern und den Angehörigen, aber dieses Mitgefühl erkannte sich nicht wieder in der Trauerarbeit der Mitgefühldarsteller in den Medien. Zweifellos zeigte sich allerorts das spontane Bedürfnis nach massiver Solidarität, fragend, unsicher, was dieser Begriff in einer solchen Situation konkret bedeuten könnte, aber dieses Solidaritätsgefühl sah sich nicht repräsentiert in der eilfertig hackenzusammenschlagenden »bedingungslosen Solidarität« der politischen Repräsentanten. Jeder Einzelne mag schockiert gewesen sein, aber der Schock der Einzelnen sah sich nicht zusammengefasst und aufgehoben in den massiv ritualisierten Schockfloskeln der TV-Kommentatoren und Nachrichtensprecher, sondern war so gespalten wie der Bildschirm selbst, wo oben Bilder menschlichen Leids flimmerten, während unten auf einer Schriftleiste die Aktienkurse vorbeizogen.

Wichtig ist an diesem Punkt Folgendes: Ich rede nicht von einem, möglicherweise sehr zweifelhaften, Eindruck gegenüber den Bildern, sondern von den Bildern selbst. Und es zeigt keinen Zynismus in Hinblick auf diese Bilder, sondern den Zynismus der Vermittler der Bilder selbst. Wenn ich also sage, dass nach dem Attentat vom 11. September 2001 kein Glücksgefühl aufkommen wollte und konnte, jenes Glück, von dem ich eingangs gesprochen habe: wenn nämlich Menschen noch oder gerade in einer Katastrophe sich plötzlich als Gattungswesen begreifen, als Menschen, die verbunden sind mit allen anderen Menschen, weil sie, über alle möglichen Differenzen hinweg, sich in grundsätzlichen Gefühlen und Bedürfnissen miteinander verbunden sehen. Gattungsbewusstsein ist ja nichts anderes als ein Begriff, der, geprägt lange vor dem Zeitalter der Globalisierung, die Möglichkeit eines globalisierten menschlichen Selbstverständnisses ausdrückt. Und just im Moment der historisch höchstentwickelten Möglichkeiten zur Herstellung globalen Bewusstseins hat sich angesichts eines schockierenden Verbrechens, das in alle Winkel der Welt ausgestrahlt wurde, nicht einmal in Teilen der Welt Gattungsbewusstsein herstellen lassen können, sondern nur dessen schlimmster Ersatz: nämlich dessen Behauptung. Hier konnten die Bilder nicht lügen. Während ununterbrochen von einem Anschlag auf die freie Welt, von einer Kriegserklärung an die zivilisierte Welt gesprochen wurde, zeigten die Bilder eine immer massiver werdende Demonstration nationaler Symbole: US-Amerikaner, die Stars-and-Stripes-Fähnchen schwenkten, sich in ihre Nationalflagge hüllten, ihre Häuser, Autos, Rucksäcke, Hüte mit Nationalwimpeln schmückten, die Nationalhymne sangen.

Das Attentat vom 11. September 2001 war also nicht nur in seiner Größenordnung zunächst unfassbar, sondern auch im Hinblick auf die Reaktionen, die es produzierte. Es muss wohl buchstäblich als merkwürdig bezeichnet werden, dass man Schock empfindet, Trauer wegen der Opfer und Mitgefühl mit den Hinterbliebenen, und dabei das Wörtchen »nur« verhehlen muss – »nur« wegen der Opfer, »nur« mit den Hinterbliebenen und unmittelbar Betroffenen, weil man keine Übereinstimmung mehr mit jenen empfinden kann, die allgegenwärtig behaupten, den Schock, das Mitleid, die Trauer mit einem zu teilen oder gar für einen zu repräsentieren. Aus dieser Kluft, dieser Zerrissenheit mag auch die Wut, der Zorn so vieler Menschen entstanden sein – weil der Druck immer stärker wurde, unausgesetzt das Allerselbstverständlichste zu beteuern, bevor man etwas Selbstverständliches zu sagen wagte: dass man natürlich abscheulich finde, dass man natürlich Mitleid empfinde, dass man natürlich Solidarität und so weiter – aber! Jeder Gedanke, den man zu formulieren versuchte, jede Empfindung, die man auszudrücken versuchte, ohne dass sie den allgegenwärtigen Floskeln entsprach, schien erst nach diesem Aber möglich, und dieses Aber trennte einen dann dennoch von der Einigkeit, die von jenen hergestellt werden wollte, die einem dieses Aber abverlangten. Dadurch wurde das Allerselbstverständlichste, also der Satzteil vor dem Aber, zu einem leeren Ritual, und das Selbstverständliche, die Freiheit des Gedankens und die je eigene Tiefe des Gefühls, zur Ketzerei.

Dieser Konflikt dort, wo Einigkeit als selbstverständlich angesehen werden sollte, zeigte sich allerdings nicht zum ersten Mal in der Geschichte der Globalisierung, sondern diesmal nur besonders komplex.

Dieses Zerbrechen der Unschuld, diesen Widerspruch, dass man Ideale verteidigen musste ausgerechnet gegen diejenigen, die sich selbst als das weltweite Interpretationsmonopol ebendieser Ideale ansehen, erlebte ich zum ersten Mal auf prägende Weise an dem anderen 11. September: dem 11. September 1973. An diesem Tag putschte der US-amerikanische Geheimdienst, auf Weisung des amerikanischen Außenministers, mit Zustimmung des amerikanischen Präsidenten gegen den demokratisch gewählten Präsidenten des souveränen Staates Chile. Präsident Allende wurde ermordet, eine faschistische Diktatur installiert und von den Hütern der freien Welt gestützt. US-amerikanische »Spezialisten« halfen mit, tausende Menschen, deren Verbrechen einzig ihre Freiheitsliebe und ihre Zukunftshoffnungen waren, zu foltern und so wie ihren gewählten Präsidenten zu ermorden. Eine zahlenmagische Marotte der Weltgeschichte, eine perfide Laune des völlig verkommenen Weltgeists wollte es, dass am 11. September 2001 etwa gleich viele Menschen in den Türmen des World Trade Centers umkamen, wie am 11. September 1973 im Stadion von Santiago de Chile zusammengetrieben und schließlich ermordet wurden.

Ich war damals, im Jahr 1973, ein junger Mann am Beginn

eines Germanistikstudiums und wollte nichts anderes im Leben, als wunderschöne Gedichte schreiben und dafür die Liebe der Menschen und die Anerkennung der Welt erringen. Und plötzlich sah ich mich mit geballter Faust vor der Botschaft der Vereinigten Staaten in Wien stehen, zusammen mit Hunderten anderer, die wie ich die Faust rhythmisch hochstießen und skandierten: »Allende, Allende, dein Tod ist nicht das Ende!«

Es war ein trüber Tag, und als besonders trübsinnig empfand ich die Stimmung, die Aggressionen jener, die uns in massiven Medienattacken des Verbrechens des Antiamerikanismus beschuldigten, weil wir spontan solidarisch mit einem amerikanischen Staat gegen den Übergriff eines anderen amerikanischen Staates waren und weil wir die Ideale verteidigen wollten, auf die sie uns eingeschult hatten: auf Respekt vor demokratischen Prozessen, Liebe zu den Grundrechten, den Menschenrechten und dem Völkerrecht, Wachsamkeit gegenüber jenen, die diese zivilisatorischen Errungenschaften bedrohten oder angriffen. Die Kluft, der Widerspruch zwischen den Idealen und der Realität, zwischen Empfindung und Erfahrung, zwischen je individueller Reaktion und politischer Reaktion war damals primitiver und dadurch transparenter als heute, geradezu holzgeschnitzt im Vergleich, aber eben weil der Widerspruch so deutlich war, konnte sich damals nicht einstellen, was sich noch 1963 spontan eingestellt hatte und dann 2001 so massiv durchgesetzt werden sollte: eine Einigkeit aller Menschen, die sich als Menschen begreifen, auf der Basis der zutiefst menschlichen Gefühle und zugleich der höchsten menschlichen Ideale. Was ich 1973 erlebt hatte, war ein brutaler »Angriff auf meine Zivilisation« und zugleich die schockierende Erfahrung, dass die Hüter meiner Zivilisation ausgerechnet für ihren Angriff auf meine Zivilisation meine Solidarität einforderten.

Der Vorwurf, dass jede Reaktion, die über eine industriell herausstanzbare »Betroffenheit« hinausgeht, dass jede Frage, die auf eine andere Antwort als auf die massenmedial vorgefertigte abzielt, dass jede Konsequenz, die nicht unmittelbar unter die bedingungslose Solidarität mit jenen subsumierbar ist, die grundsätzlich nationale mit globalen Interessen kurzschließen, kurz: der Vorwurf, dass also eine differenzierte, so kritische wie selbstkritische Haltung augenblicklich als »antiamerikanisch« zu gelten hat, hat der Aufklärung größeren Schaden zugefügt als jedes Attentat von antiaufklärerischen Fundamentalisten.

Vielleicht ist dieser Mangel an Selbstreflexion, diese zynisch gelebte Antithese zu den eigenen Idealen, der Grund dafür, dass sich am 11. September 2001 tatsächlich etwas nie Dagewesenes ereignet hat. An diesem Tag wiederholte sich ein 11. September, und damit ein Angriff auf unsere Zivilisation, aber zum ersten Mal in der Geschichte wiederholte sich eine Tragödie nicht als Farce, sondern wieder als Tragödie. Ist es das, was so große Angst macht? Dass in einem globalen Sinn keine Farcen mehr vor uns liegen, sondern die Tragödien nur noch Tragödien generieren?

Nach dem 11. September trafen sich Berater des Weißen Hauses mit Drehbuchautoren von Hollywood-Katastrophenfilmen zu einem Meinungsaustausch, welche Katastrophenszenarien diese Experten der virtuellen Realität in naher Zukunft für real machbar halten. In der Folge arbeiteten diese Drehbuchautoren ein Papier aus, das, nach einer Pressemeldung von Ende Februar 2002, mit zur Grundlage des militärischen Aufrüstungsprogramms der Vereinigten Staaten wurde. Die dafür notwendige Aufstockung des Militärbudgets der USA beläuft sich in einer Größenordnung, die das Neunzigfache des gesamten Staatshaushalts der Schweiz, also des Schweizer Budgets für Bildung, medizinische Versorgung, Infrastruktur und so weiter ausmacht. Mit anderen Worten: Der Name eines Individuums, nämlich Osama Bin Laden, ein Name, der jederzeit durch einen anderen ersetzt werden kann, diente zur Legitimation der Finanzierung eines (atomaren) Vernichtungsarsenals, dessen Kosten eine Milliarde Menschen in Brot, Bildung und soziale Sicherheit setzen könnten. Es ist aussichtslos, darüber nachzudenken, solange Welthegemonie mit Globalisierung, Hollywoodphantasie mit Gattungsbewusstsein, Liberalisierung mit Liberalität, Medienallmacht mit unbeschränktem Zugang zu Informationen und die Kritik an der amerikanischen Regierung mit Antiamerikanismus verwechselt werden.

Wir sehen die Realität schöngefärbt oder in grellen Farben. So oder so hat sie nichts mehr mit den Pastellfarben zu tun, die die Welt hatte, als sie so nahe an der Sonne vorbeikurvte und die »amerikanische Brille« eine schicke Torheit und zugleich ein kleines Symbol für eine schönere Zukunft war.

Kultur und Barbarei *oder*
Wovon wir reden und nicht reden, wenn wir von Kultur reden

Sehr geehrte Damen und Herren!

Was sagt Ihnen die Zahl 170 Millionen? Diese Zahl ist in zwei verschiedenen Zusammenhängen, die scheinbar nichts miteinander zu tun haben und doch irgendwie verwandt sind, immer wieder in den Medien aufgetaucht und hat in dem einen Fall Anlass zu Stolz, im anderen Fall Anlass zu Verzweiflung gegeben.

170 Millionen – es ist zufällig ein und dieselbe Zahl, die sowohl den Glanz des kulturellen und geistigen Lebens in Österreich als auch dessen Elend ausdrückte, den wirtschaftlichen Erfolg des prestigeträchtigen kulturellen Lebens wie auch die wirtschaftliche Misere des geistigen Lebens. Es ist ein und dieselbe Zahl, die als Bilanzzahl politischen Gelingens vermarktet und zugleich zur Chiffre für politisches Versagen wurde: 170 Millionen, das ist die Euro-Summe, die laut Wirtschaftskammer als Umsatz aus der Umwegrentabilität der Salzburger Festspiele erwartet wird, und zugleich ist es just die Summe, die am Stand der Dinge den österreichischen Universitäten fehlt, nur um den gegenwärtigen Betrieb, also die aktuelle Misere, wir reden nicht von Verbesserung und Modernisierung, aufrechtzuerhalten.

Mit anderen Worten: In den wenigen Wochen des Salzburger Kulturspektakels werden die Festspielgäste just jene

Summe schlicht und einfach verkonsumieren, die den österreichischen Universitäten in diesem Jahr in ihrem Mindest-
budget fehlen. Im Sommer 2005, das war also letztlich den
österreichischen Medien zu entnehmen, feiert sich in der
Festspielstadt Salzburg eine gesellschaftliche Elite auf den
Trümmern auch der Universitätsstadt Salzburg. Man könnte auch sagen: Es feiert sich eine wirtschaftliche und gesellschaftliche Elite vor der geistigen Sintflut.

Nun muss der zahlenmagische Zufall, dass in einem gesellschaftlichen Bereich in kurzer Zeit just die Summe lukriert
wird, die in einem anderen Bereich für das ganze Jahr fehlt,
keinen ursächlichen Zusammenhang haben. Allerdings gibt
es gesellschaftlich noch andere Zusammenhänge als bloß
die ursächlichen und unmittelbaren. Tatsächlich ist ja das
Gerede von der allzu großen Komplexität der Verhältnisse
und der neuen Unübersichtlichkeit der Phänomene, die
es nicht mehr erlaubten, von gesellschaftlicher Totalität zu
sprechen, die man in ihren vermittelten Zusammenhängen
erkennen könne, immer schon ideologischer Unsinn gewesen. Bereits Mitte des vorigen Jahrhunderts hat Heimito
von Doderer, wahrlich des Linksintellektualismus unver-
dächtig, schlagend »gegen den dürftigen Erklärungsverzicht
gegenüber der sogenannten neuen Komplexität« argumen-
tiert: »Man muss nur an einem weghängenden Faden anziehen«, (zum Beispiel der Kultur), schrieb er, »und schon löst
sich das ganze fatologische Gewebe unseres Lebens auf!
Gerade darin, wie leicht wir es auftrennen können, zeigt
sich schließlich, wie es zusammenhängt.«

Es ist also nicht so, dass es keine Zusammenhänge gibt, es
ist auch nicht so, dass alles auf unerklärbare und daher un-
beherrschbare Weise zusammenhängt, sondern vielmehr so,
dass alle gesellschaftlichen Lebensentäußerungen *ein* Gewe-

be darstellen, *einen einzigen Text* im Sinne des Wortes, und es sagt daher etwas über je aktuelle gesellschaftliche, politische und wirtschaftliche Interessen aus, wenn wir die beiden Zahlen, die zufällig dieselbe Zahl sind, zusammen betrachten, so wie wir das Muster eines Stoffes zugleich mit der Webart des Stoffs beurteilen können und, wenn er zu einem Rock verarbeitet ist, mit seinem Schnitt – und dagegen argumentieren werden nur die, die mit gutem Grund befürchten, dass, wenn wir eben nicht alleine das elegante Muster betrachten, allzu deutlich wird, wie fadenscheinig der Rock ist.

Keine Angst, es soll hier nicht moralisiert werden, etwa dergestalt, wie verwerflich es sei, dass bei Opernaufführungen von Mozart, der verarmt in einem Massengrab verscharrt worden war, heute schamlos Reichtum ausgestellt und Profite lukriert werden, während die Zukunfts- und Erwerbschancen der nächsten Generation zerstört werden. Ich will auch nicht polemisieren, etwa gegen Interessen, die nicht die meinen sind. Alle Interessen sind legitim – ich will bloß dies tun: neugierig an diesem zufällig weghängenden Faden, nämlich der erwähnten Zahl, anziehen und sehen, wie die Maschen der Reihe nach fallen.

170 Millionen Euro werden also Salzburger Geschäftsleute durch die Salzburger Festspiele lukrieren – das ist ein betörender wirtschaftlicher Erfolg dieses kulturellen Spektakels. Ich gehe davon aus, dass diejenigen, die von den Festspielen wirtschaftlich profitieren, Kinder und vielleicht sogar Enkelkinder haben. Und ich gehe weiter davon aus, dass sie für ihre Umsätze und Gewinne Steuern bezahlen. Den Zeitungen entnehme ich, dass diese Steuerleistungen die staatlichen Subventionen für die Festspiele weit übertreffen. Hier haben sich also staatliche Subventionen als

glänzende Investition erwiesen. Nun frage ich mich aber, wieso die Salzburger vom Staat nicht nur erwarten, dass er ihnen durch entsprechend subventionierte Rahmenbedingungen Profite ermöglicht, sondern auch, dass nach ihren erbrachten Steuerleistungen ihren Kindern und Enkelkindern Bildung ermöglicht wird, durch gut ausgestattete, funktionierende Universitäten, zur nachhaltigen Absicherung der wirtschaftlichen Erfolge dieses Landes. Ich gehe nicht davon aus, dass sie im Ernst glauben, dass die Verdummung der nächsten Generation die Profite der nächsten Generation vergrößern wird. Bereits an diesem Punkt sehen Sie, dass es einen mittelbaren Zusammenhang gibt zwischen dem Erfolg der Salzburger Festspiele und der Misere der Universitäten – und dass dieser Zusammenhang sich augenblicklich als Verblendungszusammenhang erweist: Menschen, die beste Erfahrungen mit staatlichen Subventionen gemacht haben, sind überall dort, wo sie keinen kurzfristigen, unmittelbaren Profit in die eigenen Taschen erwarten können, gegen ihre Erfahrungen der Meinung, dass der Staat rigide »sparen« müsse – selbst wenn dadurch die Bildungschancen der eigenen Kinder zerstört werden. Oder täusche ich mich? Hat jemand Proteste von der Salzburger Wirtschaft gegen den Zustand zumindest der Salzburger Universität gehört? Ja, die Salzburger Geschäftsleute haben nicht einmal verständnislos den Kopf geschüttelt, als der Staat den Bundesanteil der Subventionen für die Wiener Festwochen eingespart hat.

Es mag ja sein, dass diejenigen, die heute im Bereich der Kultur, aber auch in anderen Bereichen, von der gegenwärtigen Wirtschaftspolitik ökonomisch profitieren, ehrlich glauben, dass ihre Profite ausschließlich ihrer eigenen Tüchtigkeit zu verdanken sind und nicht auch der simplen Tatsache, dass sie zufällig zu den Gewinnern einer Wirtschaftspolitik zählen, die in größerem Zusammenhang allerdings immer mehr Verlierer produziert, und es mag auch sein, dass sie daher auch blind darin vertrauen, dass just ihre Kinder dereinst ebenfalls ihres eigenen Glückes Schmied sein werden – erst recht wenn sie ihnen vielleicht einen vergoldeten Amboss vererben können –, aber es zeugt doch von einiger Verblendung in ihrem ureigensten Erfahrungsbereich, dass just diese Menschen, die wirtschaftlich von Kunst unmittelbar profitieren, sich immer wieder als kunst- und geistfeindlich erweisen – ich erinnere nur an die Auseinandersetzungen mit Thomas Bernhard zu seinen Lebzeiten, an die Aufregungen um manche Inszenierungen in der Ära Mortier oder an die bürgerliche Stadtguerilla im Kampf gegen die Plastik der Künstlergruppe Gelatine –, als wäre lebende, zeitgenössische Kunst so wie auch die Neuinterpretation des Kunstkanons bloße Geschäftsstörung der Salzburger Wirtschaft und nicht auch Produktion ihrer künftigen Geschäftsgrundlage.

Und verallgemeinert zeigt sich hier das so eigentümliche wie besorgniserregende Phänomen, dass diejenigen, die von der gegenwärtigen politischen Situation wirtschaftlich profitieren, in ihrer Verblendung offenbar nicht mehr imstande oder bereit sind, über ihren betriebswirtschaftlichen Tellerrand zu schauen und die gegenwärtig eklatanten volkswirtschaftlichen Widersprüche, die letztlich auch sie selbst und ihre Kinder bedrohen werden, wenigstens zur Kenntnis zu nehmen: zum Beispiel die Frage, wie es rechnerisch überhaupt möglich ist, dass der gesellschaftliche Reichtum unausgesetzt wächst, während in allen gesellschaftlichen Bereichen immer mehr gespart werden muss. Das war doch in letzter Zeit immer wieder Gegenstand der Berichterstattung, nicht nur in den österreichischen Medien, sondern Schlagzeilenmeldung und Titelgeschichte auch von Schweizer und deutschen Zeitungen und Zeitschriften: wie blendend die österreichischen Wirtschaftsdaten sind, die Anlass zu Neid bei den Deutschen geben und sogar Bewunderung bei den wahrlich wohlhabenden Schweizern auslösen. Noch nie in der Geschichte dieses Landes wurde ein so großer gesellschaftlicher Reichtum produziert. Einerseits. Auf den anderen Seiten der Zeitungen lesen wir aber, dass die gesellschaftlichen Errungenschaften der letzten Jahrzehnte, die statistisch gesehen ärmere Jahrzehnte waren, auf dem heute so betörenden Stand des Reichtums nicht mehr finanzierbar seien, nicht unsere Bildungsinstitutionen, nicht unser Gesundheitssystem, nicht unsere Altersvorsorge. Wo also ist der gesellschaftliche Reichtum, der in Bilanzen, Statistiken und allgemeinen Wirtschaftsdaten aufscheint, aber in unserer empirisch erfahrbaren gesellschaftlichen Realität angeblich fehlt? Wo verschwindet er hin? Wenn eine Gesellschaft statistisch reicher wird, empirisch aber verarmt, handelt es sich offenbar um ein Verteilungsproblem. Das heißt, wir sehen alleine schon an diesem kleinen Beispiel, dem schönen wirtschaftlichen Erfolg eines kulturellen Events bei gleichzeitiger Misere der Bildungsinstitutionen (und wir könnten jetzt alle gesellschaftlichen Bereiche abschreiten und dies immer wieder aufs Neue empirisch belegen), dass ein gesellschaftlicher Konsens aufgekündigt worden ist, der in den westlichen europäischen Demokratien nach den Erfahrungen aus der ersten Hälfte des 20. Jahrhunderts getroffen worden war, der Konsens nämlich, für wachsende Gerechtigkeit bei der Verteilung des gesellschaftlich produzierten Reichtums zu sorgen, um jene Krisen und Kämpfe zu vermeiden, die schließlich zu zwei Weltkriegen und zu dem berühmten Schwur »Nie wieder!« geführt hatten. Auf dieser Basis, in Anerkennung dieser Erfahrungen haben wir alle bis vor Kurzem in unserer Lebenszeit gewirtschaftet, wachsenden wirtschaftlichen, aber auch kulturellen Reichtum produziert, sozialen Frieden und Rechtsstaat aufgebaut, auf dieser Grundlage haben wir unsere Werte und Lebensvorstellungen definiert, in Sicherheit ausgebaut und unser Leben zu machen versucht. Nicht dass dieses System keine Defizite hatte – aber diese Defizite waren keine in der Wirtschaftsbilanz (bekanntlich gab es seit 1945 kein Jahr ohne Wirtschaftswachstum), sondern Defizite in den institutionalisierten Formen des Interessensausgleichs, und nur diese Defizite waren bislang Gegenstand aller politischen, künstlerischen und intellektuellen Kritik und Selbstkritik.

Was bedeutet es nun, wenn dieser Konsens, der letztlich nichts anderes war als die politisch hergestellte je bestmögliche Balance aus Eigennutz und Gemeinwohl, aufgekündigt wird? Sicherlich nicht, dass dieser Zusammenhang zwischen partikularen Interessen und dem Ganzen nicht mehr existiert, sondern zunächst einmal nur, dass er wieder einmal dorthin verschwindet, wo er immer schon und immer wieder hinwollte, nämlich in den ideologischen Nebel, wo nur noch partikulare Interessen, und hier wieder die machtvollsten, und nicht der Interessensausgleich die gesellschaftliche Dynamik produzieren. Dass sozusagen meine Interessen wichtiger sind als deine Interessen und dass ich, wenn ich gerade stärker bin, meine Interessen kompromisslos durchzusetzen versuche, ist zweifellos sehr menschlich, aber es ist vieles menschlich, was im menschlichen Zusammenleben bekanntlich gezähmt werden muss.

Sehr viele Wissenschaftsdisziplinen konnten, nicht zuletzt weil unsere Universitäten in den vergangenen Jahrzehnten hervorragende Arbeit geleistet haben, schlüssige Erklärungen dafür liefern, warum jeder einzelne angesichts der Realität immer nur einen kleinen Teil in den Blick nehmen kann, ihn mit Interessen auflädt und alle anders gearteten Interessen nicht als ebenso begründet ansieht, schon gar nicht als mit den eigenen vernetzt erkennt, sondern als verworren und ideologisch fehlgeleitet betrachtet – ja oftmals gar nicht anders kann. Jeder Mensch ist eben interessengeleitet, und was ihn (in jedem Wortsinn) nicht interessiert, existiert für ihn nicht notwendigerweise, auch wenn es eben auf sehr vermittelte Weise seine ureigenen Probleme, aber auch die Möglichkeiten sie zu lösen, mitproduziert. Irgendwo da, in diesem dunklen Feld des Desinteresses an seinen vermittelten Interessen, liegt der Grund dafür, warum Menschen immer wieder gegen ihre objektiven Interessen handeln und Entscheidungen treffen. Betrachten wir unter diesem Gesichtspunkt jetzt noch einmal unsere glücklichen Wirtschaftreibenden, die wirtschaftlichen, politischen und gesellschaftlichen Eliten, die hier bei Kunst und Kultur nicht nur ihre Profite feiern, sondern Festspiele auch zum Anlass von Selbstdarstellung und nicht zur Selbstreflexion nehmen wollen. Und schon müssen wir wieder einen großen österreichischen Dichter paraphrasieren, nämlich Karl Kraus, der darauf hingewiesen hat, dass es Menschen gibt, die aus Schaden dumm werden. Unser Bürgertum. Es hat Interessen. Es ist sich seiner Interessen bewusst. Es hat eine Reihe machtvoller Möglichkeiten, seine Interessen durchzusetzen. Sehe ich Sie nicken? Dem werden Sie doch zustimmen! Und wenn Sie dem zustimmen, dann werden Sie auch der Begründung dafür zustimmen müssen, wenn ich sage, dass sich in den letzten rund hundertfünfzig Jahren wenig so deutlich gezeigt hat wie dies: Es gibt keine soziologische Gruppe, die wider alle Erfahrungen so kurzsichtig ist wie die Unternehmer, die Bürger und alle, die sich dafür halten, und ihre Trabanten wie Aufsichtsräte, Konzernmanager, Industriellenvereinigungsfunktionäre und nicht zuletzt die Medienmacher auf deren unmittelbarem oder indirektem Payroll. Denn: lässt man den Interessen dieser Menschen freie Bahn, können wir in kürzester Zeit die Zerstörung aller Errungenschaften mit ansehen, die das bürgerliche Zeitalter mit sich gebracht hat. Demokratie, Sozialstaat, Chancengleichheit und nicht zuletzt freie Märkte, die nicht nur abstrakt ideologisch frei sind, sondern tatsächlich über so starke Kaufkraft verfügen, dass es den Menschen möglich ist, frei ihr Leben zu gestalten. Das unmittelbare Interesse der Unternehmer und daher das einzige, das sie zunächst kennen, ist: möglichst billige Produktionskosten mit am Ende möglichst hoher Wertschöpfung. Sie nicken! Nun wissen wir aber aus leidvollster historischer Erfahrung, dass der erste Teil des Unternehmerinteresses, radikal umgesetzt, mit einiger Logik schrumpfende Einkommen, wachsende Arbeitslosigkeit, soziales Elend und staatliche Steuerausfälle produziert, mit der Konsequenz, dass der zweite Teil des Unternehmerinteresses immer schwerer eingelöst werden kann, weil immer weniger Menschen die nötige Kaufkraft aufbringen können. Mit anderen Worten: Unternehmer glauben offenbar an Marsmännchen. Denn wer sonst soll kommen und ihnen abkaufen, was sie zur Erhöhung ihrer Rendite auf der Basis von Lohndumping und Steuerdumping produzieren? Lässt man also den Unternehmerinteressen freien Lauf (und wir erleben heute, wie dies nach Aufkündigung des Nachkriegskonsenses in Europa bereits passiert), haben wir in kurzer Zeit Verhältnisse wie in der Zwischenkriegszeit und wenig später wie zu Zeiten des Manchester-Kapitalismus. Das finden Sie übertrieben? Dann bedenken Sie folgende unbezweifelbare historische Erfahrung: Allen Fortschritt im bürgerlichen Zeitalter haben wir der Fesselung des Manchester-Kapitalismus, in der Folge den politischen Beschränkungen der unmittelbaren Unternehmerinteressen zu verdanken. Das verstehen alle, nur die Unternehmer sechzig Jahre nach Ende des letzten Krieges noch immer oder wieder nicht. Alle wirtschaftlichen Blütezeiten seit den bürgerlichen Revolutionen waren Zeiten, in denen die Politik, nicht zuletzt auch durch gesellschaftlichen Druck, stärker war als »die Wirtschaft«. Alles Elend und alle Menschheitskatastrophen aber geschahen in Zeiten, in denen »die Wirtschaft« der Politik ihre Interessen diktieren konnte.

Politisch durchgesetzte vernünftige Fesseln für die sich immer wieder entfesselnden Produktivkräfte, realpolitisch gesagt: sozial verträgliche Rahmenbedingungen für die Wirtschaft, also volkswirtschaftliches statt ausschließlich betriebswirtschaftliches Denken, nur dadurch waren Unternehmer regelmäßig – letztlich zu ihrem eigenen Vorteil – zu Innovationen und zu Ideen gezwungen, die die Produktivität steigerten und durch wachsende Verteilungsgerechtigkeit den gesellschaftlichen Fortschritt beförderten. Glauben Sie im Ernst, dass die Interessen der Unternehmer von sich aus zum Sozialstaat geführt hätten? Stellen Sie sich bloß folgendes Szenario vor: Zu Zeiten des Manchester-Kapitalismus fragen die regierenden Politiker submissest bei den Unternehmern an, was getan werden müsse, um den Standort Manchester zu erhalten. Was hätten die Unternehmer wohl geantwortet? Natürlich das, was sie für richtig und notwendig hielten: Zwölfstundentag, Kinderarbeit, Steuerbefreiung, dies müsse garantiert werden, dann könne der Standort Manchester erhalten bleiben. Tatsächlich aber wissen wir alle sehr gut, dass es eine Politik *gegen* die unmittelbaren Interessen »der Wirtschaft« war, die die Unternehmer dazu gezwungen hat, ihre berühmte Unternehmerkreativität auszuspielen und innovativ etwa von der absoluten Mehrwertproduktion zur relativen Mehrwertproduktion überzugehen, ohne die es heute keine sozial einigermaßen verträgliche Moderne, zumindest in Teilen der Welt, gäbe. Hat einer von uns einmal darüber nachgedacht, worauf es hinauslaufen könnte, wenn heute die regierenden Politiker die Wirtschaftseliten bloß nach deren Bedürfnissen befragen, um Handlungsanweisungen zur »Sicherung der Standorte« zu bekommen, wenn sie also auf jene Weise agieren, die in unserem Gedankenspiel eigentlich völlig irreal wirkt? Haben wir uns in aller Konsequenz klargemacht, was es bedeutet, wenn der Chef der Industriellenvereinigung öffentlich und laut fordert, dass man von der relativen wieder zurück zur absoluten Mehrwertproduktion gehen müsse? Wissen Sie, was das bedeutet? Wenn nicht, dann machen Sie sich schlau – und ziehen Sie sich warm an!

Nun gibt es bekanntlich den Einwand, dass all diese Modelle souveräner sozialstaatlicher Politik in Zeiten der Globalisierung nicht mehr funktionieren können. Das Kapital agiere international, weshalb in jedem einzelnen Staat die nationale Politik gar nicht anders könne, als sich den Interessen der global bewegenden Konzerne zu fügen, um den Abfluss von Kapital aus dem eigenen Land zu verhindern. Das glaube ich gern, besser gesagt: ungern, aber ich glaube es. Nur: So schlüssig, wie heute alle tun, kann ein von partikularen Interessen vorgebrachtes Argument nie sein, solange es auch andere Interessen gibt. Am allerwenigsten, wenn die dagegenstehenden Interessen die Interessen der Mehrheit sind. Und damit sind wir unversehens und doch logisch bei demokratiepolitischen Problemen angelangt. Ist Ihnen aufgefallen, dass bei allem öffentlichen Räsonnieren über die Anforderungen der Globalisierung von Demokratie überhaupt nicht mehr die Rede ist? Wir erfahren ständig, welche Anforderungen »die Wirtschaft« an uns stellt, wir erfahren dies in allen Varianten seltsamer Metaphorik, zum Beispiel dass wir »fit« für ihre Ansprüche werden müssen und dass es, wie es so ist beim Fitness-Training, weh tun müsse – aber Demokratie? War da was?

Nun ist die Globalisierung, wie sie sich heute real darstellt, im Grunde eine Parallelaktion. Auf der einen Seite gibt es die Globalisierung im Sinne der wirtschaftsliberalen Interessen vor allem US-amerikanischer Provenienz, die gegen jegliche Form sozialstaatlicher Errungenschaften gerichtet sind. Auf der anderen Seite, und in unserem Interesse, gäbe es die nachnationale Entwicklung Europas, das Zusammenwachsen und sich Vernetzen der EU-Mitgliedsstaaten, im Grunde also die Internationalisierung des europäischen Sozialstaat-Modells. Hier hilft uns wieder ein großer Dichter weiter. Robert Musil. Woran scheitert eine Parallelaktion? Am Fehlen einer verbindlichen Idee, am Mangel an Praxis infolge eines fehlenden kulturellen und politischen Selbstverständnisses.

Die überwältigende Mehrheit der Wähler hätte wohl die gewählten politischen Repräsentanten jedes EU-Mitgliedstaates nicht daran gehindert, auf supranationaler Ebene politisch entsprechende Rahmenbedingungen für ein sozial zunehmend gerechteres Wirtschaften auf der Basis der sozialstaatlichen Erfahrungen dieses Kontinents durchzusetzen. Dies wäre der demokratische Auftrag und die politische Hoffnung dieses Kontinents gewesen. Es ist aber nicht geschehen. Was ist bislang politische Realität? Wir wählen ein nationales Parlament, das seine Souveränität an EU-Rat und -Kommission abgibt und wesentlich deren Richtlinien umzusetzen hat. Rat und Kommission aber sind von uns nicht gewählt, als Gesetzgeber nicht demokratisch legitimiert. Zum Trost dürfen wir ein europäisches Parlament wählen – das aber keine gesetzgebenden Initiativen setzen darf. Kurz: Die, die wir wählen, machen nicht die Gesetze, und die, die die Gesetze machen, haben wir nicht gewählt. Wir haben also eine zwar ungenügende, aber immerhin in Ansätzen vorhandene Demokratie aufgegeben, um demokratiepolitisch in einem größeren Zusammenhang nichts, absolut nichts dafür zu bekommen. Der Anspruch war ein anderer, die Hoffnungen waren andere. Was da passiert ist, ist menschengemacht, ist kein anonymer Trend, keine so unerklärliche wie machtvolle Weltentwicklung. Hier haben sich sehr partikulare Wirtschaftsinteressen gegen die Bedürfnisse der überwältigenden und nun überwältigten Bevölkerungsmehrheit durchgesetzt. Wenn die Mehrheit etwas will, eine Minderheit aber sich kaufen kann, was sie will, bleibt die Demokratie auf der Strecke. Es ist also kein Zufall, dass die EU heute bereits bei genauerer Betrachtung als Projekt erscheint, das vormals demokratische Staaten zum Zwecke der gemeinsamen Abschaffung der Demokratie gegründet haben. Und sehr bald wird es rückblickend von keinem Historiker mehr anders gesehen werden können – wenn wir uns auf den Universitäten noch Historiker werden leisten können.

Die vorläufig letzte Chance wäre die sogenannte EU-Verfassung gewesen. Und sie ist genau an dieser Frage gescheitert. Denn versprochen war, das Primat der Wirtschaftsinteressen zu brechen und die Demokratisierung der EU zu befördern, aber herausgekommen ist am Ende ein Text, der die von den Wirtschaftsliberalen geforderte Abschaffung der Demokratie in Verfassungsrang gesetzt hätte. Sie wollen Beispiele? In Ländern, in denen im Gegensatz zu Österreich der EU-Verfassungsentwurf öffentlich diskutiert wurde, sind sie bekannt: Die Artikel III-210-2a, II-111-2 und II-112-6 hätten das sozialpolitische Dumping innerhalb der Union garantiert. Die Artikel III-170 bis 176 sollten die steuerpolitische Konkurrenz und damit das Steuerdumping verstärken, was das Sozialbudget der Staaten weiter untergraben und Betriebsverlagerungen gefördert hätte. Einer EU-weiten Harmonisierung der Steuersysteme wäre hingegen im Artikel III-171 ein Riegel vorgeschoben worden, was lediglich die Erpressbarkeit der einzelnen Staaten durch international agierende Konzerne als rechtmäßig festgeschrieben hätte. Der Artikel I-41-7 sollte die europäische Verteidigungspolitik an die Nato und damit an die USA koppeln, was den internationalen Wettbewerb der beiden Globalisierungsmodelle weiter erschwert bis verunmöglicht hätte. Und so weiter. Und diese Verfassung wäre so gut wie nicht mehr revidierbar gewesen, weil dies die Einstimmigkeit aller 25 Staaten erfordert hätte. Wundert Sie jetzt, dass Staaten mit längerer und ausgeprägterer demokratischer Tradition, wie Frankreich und Holland, diese Verfassung in Referenden abgelehnt haben?

Spätestens hier stellt sich die Frage, was unsere politischen Repräsentanten eigentlich meinen, wenn sie anlässlich der Eröffnung der Salzburger Festspiele in feierlichen Ansprachen mutig bekennen, dass »wir« uns unsere Kultur und unsere von der Aufklärung gespeisten Werte einer freien demokratischen Gesellschaft »nicht wegbomben lassen«.

Wegbomben haben wir sie uns ja wirklich nicht lassen. Wir haben sie uns ohne Bomben wegnehmen lassen. Zugleich frage ich mich, was der geistige Hintergrund der Entscheidung war, im Anschluss an die Eröffnung der Festspiele zahllose Böller in Salzburg abzuschießen, der Stadt eine geradezu an Bombenterror gemahnende Serie von Detonationen zu verpassen. Sollte diese Klangwolke der einzige Beitrag Salzburgs zur Vernetzung der Festspiele mit dem Weltzustand sein?

Zugleich zeigt sich just hier, worauf ich hinauswollte, auf die Frage nämlich, die Sie mir wohl schon die längste Zeit stellen wollten: Was haben all meine Abschweifungen mit Kultur zu tun? Sehen Sie, wie die Zersplitterung des Bewusstseins funktioniert? Ich habe es doch eingangs gesagt – und Sie haben es schon fast vergessen –, dass man an keinem weghängenden Faden des fatologischen Gewebes, zum Beispiel unserer repräsentativen Kultur, anziehen kann, ohne sofort das ganze Gewebe aus Wirtschaft und Politik aufzutrennen. Ich habe die ganze Zeit über von Kultur gesprochen – weil die Reflexion von Kultur zunächst und grundsätzlich nichts anderes ist als das Abschreiten der Bedingungen der Möglichkeit von Kultur. Und wenn wir uns wenigstens darauf einigen können, dass »Kultur« sich nach unseren Wertvorstellungen nicht allein darin erweist, dass einige schöngeistige Damen sich mit einigen wohlbestallten Herren über das Genie in der letzten Premiere unterhalten und zugleich 170 Millionen auszugeben bereit sind, wenn sie dabei fotografiert und gefilmt werden, sondern dass Kultur eine mühsam faszinierende Konfrontation der je eigenen beschränkten Realität mit der Realität der Welt und mit den möglichen Zugängen zur Wahrheit des Ganzen ist, dann werden Sie doch zustimmen, wenn ich sage:

Sie haben nicht mehr viele Wahlmöglichkeiten, aber diese Wahl haben Sie noch, und Sie müssen Ihre Interessen dahingehend überprüfen – nämlich die Wahl zwischen Kultur und Kulturen in Form von Spektakeln. Kultur umfasst alles. Auch Politik und Wirtschaft als deren Reflexion. Und spiegelt sogar so abstrakt scheinende, schwer zu fassende Phänomene wie Sehnsucht, Glück, Sicherheit, Faszination durch das Schöne, Schock vor der Wahrheit in ihrer jeweils zeitgenössischen Form. Kulturen aber, als Ornamente, als schöne Hinnahme dessen was ist, bedeutet nichts, es dockt nur überall an. Es tritt auf, je nach politischem Bedarf, wirtschaftlichem Interesse und demagogischer Befriedung, als Unterhaltungskultur, Ablenkungskultur, Freizeitkultur, Eventkultur und so weiter. Mit Kultur verhält es sich – und hier muss ich wieder einen großen österreichischen Dichter paraphrasieren, nämlich Nestroy – sprachlich verräterisch wie mit der Freiheit: Tritt sie im Plural auf, erweist sich ihr objektives Defizit, der Mangel ihres singulären Sinns, ihrer Bedeutung im Ganzen. Viele Freiheiten zeigen, dass es der Freiheit grundsätzlich ermangelt. So versteckt sich hinter dem Potpourri der vielen kulturellen Höhepunkte der Mangel an Gewissheit, worin unsere Kultur eigentlich besteht, schon am Tag nach den Sonntagsreden, die uns aufforderten, in Zeiten eingeschränkter Freiheit unsere Freiheiten zu verteidigen und dabei uns – wirklich uns? – in lukrativen Spektakeln zu feiern. Viel Spaß!

(Kunst und) Sucht

Sehr geehrte Damen und Herren!

Wie muss eine Welt beschaffen sein, damit wir sie nüchtern zumindest ertragen, und wäre eine solche Welt überhaupt wünschenswert? Das sind zwei Fragen, die ich hier nicht beantworten werde. Wahrscheinlich nicht einmal, auch wenn ich wollte, beantworten könnte, die aber unzweifelhaft den Fluchtpunkt markieren, auf den perspektivisch alle Auseinandersetzungen sowohl mit Kunst als auch mit Sucht in jedweder Form zulaufen – oder vor dem sie eben zurückweichen. Es genügt also, diese Fragen auszusprechen, nur damit sie da sind, um im Ermessen der Distanz beurteilen zu können, wie weit wir in unseren Bemühungen, unser Leben zu machen, vorangekommen sind.

Kunst, das ist im Hinblick auf den angesprochenen Fluchtpunkt gleichsam die Reisetasche, in die alles hineingepackt wird, was Sie für Ihren jeweiligen Trip benötigen: Etwas zum Wechseln, etwas zum Reinigen und auch die Gerätschaften, die Ihnen anzeigen können, wo Sie sich gerade befinden. Denn Kunst ist, ohne jetzt alle möglichen Kunsttheorien referieren zu wollen, im Grunde die Erschaffung einer Welt, in der Sie sich bewegen können, um das Ungenügende Ihrer Lebenswelt zu erfahren. Sie zeigt, was immer sie zeigt, in jedem Falle auch, wie »es gemacht wurde« – um mit einem berühmten Zitat von Balzac zu sprechen: »Am Ende wissen wir nur eines mit Sicherheit: Wir haben gelebt. Was wir erzählen müssen, ist: Wie? Wir müssen zeigen, wie es gemacht wurde.« Was ist dieses Balzac'sche »es«? – Worunter gelitten wurde, unter dem Firmament welcher Sehnsuchtsbilder, welche Formen des Wahnsinns als normal gelten konnten und was durch das Netz sozialer Kompatibilität durchrutschte, ins Nichts, ins Verderbnis, in einen langsamen oder schnellen Tod.

Die Kunst der vergangenen Jahrhunderte, die bis heute ihre Gültigkeit und ihre Geltung bewahrt hat, ist im Grunde genommen die Schande unserer Gegenwart, und zwar deshalb, weil wir uns im Elend, das Kunst und Literatur in immer neuen Formen darstellte, noch immer wiedererkennen können und noch immer wiedererkennen müssen. Es sind alte Echoschreie unserer Defizite, auch wenn sie inszeniert werden wie seraphinischer Jubel, in den Festspielen, in der tourismusrentablen Umwegkultur. Wie es gemacht wurde, hat Balzac gesagt, das muss dargestellt und erzählt werden. Dieses »es« markiert, was wir nicht ertragen. Alles, was wir wollen, wie wir leben und denken, wie wir uns als Individuen überschätzen und zugleich zerstört sehen, all unsere Hoffnungen, all unsere Widerstände – kurz, dies, das Wichtigste, nämlich das Leben, wird als »es« bezeichnet. Ein Pronomen, das nicht auf unseren Namen verweist, ein Neutrum, das aber nicht sachlich ist, weil es auf die Abgründe der Seele und ihren Zuchtmeister verweist, nämlich auf das »Es« im Freud'schen Sinn, und nicht auf eine sachlich vernünftige soziale Grammatik. Denn unsere Lebensgrammatik ist auf den Kopf gestellt. »Liebe« zum Beispiel ist immer noch ein intransitives Fürwort, »frei« ist ein Adjektiv ohne Eigenschaft, Glück ein von der Rechtschreibreform übersehenes Substantiv, dessen Umlaut man mit i schreiben müsste – Glick –, um das maschinelle Einrasten unserer Bedürfnisse in den Bedürfnissen der Wirtschaft auszudrücken. Hauptwörter alleine werden zu Relativsätzen. »Reform« zum Beispiel, ein Begriff, der immer nur als ein Gestammel von untergeordneten Relativierungen angerufen wird, die nie versprechen können, dass am Ende, wenn endlich ein Zeitwort auftaucht, bei Zeiten irgendetwas besser geworden sein wird. Dies ist eben auch ein Grund dafür, dass jede wahre Reflexion über Kunst immer auch gleich eine Reflexion über das Leben ist und jede Reflexion über Kunst und Leben bald auch eine Reflexion über Sucht wird. Ich weiß nicht, wie sich Sucht korrekt etymologisch ableitet, aber für mich stecken zwei Bedeutungsfelder in diesem Begriff – nämlich die Seuche und das Suchen. Also einerseits das, was uns krank macht, noch bevor wir überhaupt mit einer Sucht begonnen haben, und andererseits aber auch die Hoffnung, Heilung zu finden oder die Erlösung, zumindest Techniken, die es uns ermöglichen, das Leben zu ertragen. Wodurch sich am Horizont schon wieder der Fluchtpunkt zeigt, von dem ich eingangs gesprochen habe.

So gesehen ist auch Kunst keine Heilung, sondern nur ein Krankheitssymptom, wie auch die Sucht bekanntlich keine Lösung ist, sondern Symptom dafür, dass wir sie suchen. Sie alle, Zuhörer oder Leser, sind ja in gewissem Sinn Künstlerkollegen, nämlich zumindest Lebenskünstler, worunter ich durchaus im Sinn der Kunsttheorie verstehe, dass es Ihnen gelingt, Ihrem Leben eine Form zu geben, die es für andere rezipierbar macht und wieder erkennbar – eine Form, bei der es aber auch großer Interpretationsanstrengungen bedarf, um die Abgründe sichtbar zu machen, die unter dem schönen Schein verborgen sind, den Sie produzieren. Sie alle gestalten für sich ein Leben, das Sie so nicht ernstlich führen wollten, das Sie aber in einer dialektischen Volte doch glauben, unbedingt führen zu müssen – mit geradezu tödlichem Ernst. Es ist wahrlich Kunstanspruch, wenn Sie aus dem Material Ihres Lebens einen schönen Schein formen, an den Sie schließlich selbst glauben, so wie es jeder Künstler tut, der alles, was er ausdrücken will, nur fingiert, bis er es am Ende selbst wirklich empfindet. Nur wenn Sie alleine sind, Ihrer sozialen Aura enthoben, der Sphäre Ihrer Anerkennung entzogen, in den einsamen Niederungen Ihrer privaten Existenz, so luxuriös auch immer Sie ausgestattet sein mag, finden Sie sich plötzlich im kunstfreien Raum, ganz allein bei sich, dort, wo es keinen Schein mehr gibt, keine Schönheit, keinen Trost. Nur die Normalität, die zur Flucht in Kunst und Sucht immer wieder aufs Neue zwingt.

Ein Mann mit geglücktem Leben zum Beispiel, geglückt etwa deshalb, weil er ein Mann mit öffentlicher Verantwortung wurde, Anerkennung, Wirksamkeit, ein Vorbildcharakter, ein Politiker zum Beispiel: Ein solcher Mann, der nach ich weiß nicht wie vielen Ehejahren seine Ehefrau nicht mehr begehrt, ist in der Normalitätsfalle – erst recht, wenn er in wiederkehrender Verzweiflung von Erlösung träumt, so simpel und zugleich unendlich kompliziert sie auch sein mag. Erlösungsfantasien sind immer beschämend primitiv und dabei unerträglich kompliziert und dann in der Praxis nur noch kompliziert. Jedenfalls Normalität: Kann dieser Mann, den wir jetzt als Beispiel nehmen, »es« leben, das Normale? Hier sehen Sie schon, wie kompliziert, wie doppelbödig es sich verhält mit dem, was wir Normalität nennen. In dem Augenblick nämlich, da er sein geglücktes Ehe- und Familienleben – von dem wir aber wissen, das es so geglückt nicht ist – in die Auslage seiner repräsentativen Tätigkeit stellt, und das wird er tun, ist er eine Kunstfigur: Ein Fest für jeden, der sich für Kunst interessiert, aber ein Elend für jeden, der sich fragt, was der Mensch ist, zugleich aber auch schon ein Suchtcharakter, wenn er öfter und tatsächlich glücklicher das falsche Eheideal öffentlich ausstellt, als seine reale Ehe zu Hause zu ertragen.

Es ist die Sucht nach dem Schein, die auch das Geheimnis des Workaholic ausmacht. In dieser Sucht nach dem Schein berühren sich die allgemeinen Produktionsverhältnisse mit der Kunst. In einem Schein, der bedeutet: das Sein soll nicht so sein. Es ist unmenschlich, süchtig nach Arbeit zu sein. Vor allem dann, wenn die Arbeit zu keinem individuell befriedigenden und sozial vernünftigen Produkt führt. Noch mehr, wenn »die Arbeit nur dadurch für einen selbst und einige andere nützlich ist, weil sie anderen Schaden zufügt« (René Descartes). Der Anspruch, mit seiner Arbeit weder unmittelbar noch vermittelt anderen Schaden zuzufügen, war Programm zu Beginn der Aufklärung und zeigt, dass die Aufklärung nicht nur Wahrheit wollte, sondern eine wahrhaftige Lebenspraxis, die wahre Befriedigung ermöglichen sollte. Wenn wir den Abstand zu diesem Anspruch messen, sehen wir uns heute von der Aufklärung weiter entfernt als das Hochmittelalter. Wer sich die Frage nach den objektiven Bedingungen und Konsequenzen seiner Arbeit nicht stellt, muss Baumeister einer Scheinwelt werden, in der es nur noch um den Schein von Vernunft geht, den Schein von Erfolg, den Schein von Macht, den Schein von Bedeutung. Je mehr eine Arbeit untergeordnet ist, desto weniger Illusionen vermag sie zu produzieren – das wissen wir alle, das ist auch ein Bestandteil des sozialen Skandals. Ein Arbeiter an der Maschine weiß, was er tut, auch und erst recht, wenn erbärmlich ist, was er tut und was er sonst zu wissen glaubt. Der Manager aber weiß nicht mehr, was er tut, nämlich was er objektiv tut, und erst recht nieder-schmetternd ist, was er sonst zu wissen glaubt. Er glaubt, er macht, und ist doch nur ein gemachter – und schon sagt er es selbst, er will es sein: ein gemachter Mann. Gemeinsam aber produzieren sie einen Reichtum, der beide verelendet. Wie ungerecht auch immer bekanntlich der Reichtum verteilt wird, gemeinsam ist ihnen das Elend des »Funktionieren müssen«, das Elend des Konformismus, das Elend des Opportunismus, das Elend der Unterwerfung unter selbstverschuldete Sachzwänge, das subjektive Elend, das herausqualmt aus diesem erstickten Brennen ihres objektiven Elends. Die Angst, das Wenige zu verlieren, das es zum Überleben braucht, oder die Angst, etwas mehr zu verlieren, nämlich ein etwas privilegierter ausgestattetes Leben und einen etwas teurer aufpolierten Schein, den Status, der einen unter Subalternen hervorhebt, die Anerkennung von Seiten der Mitläufer. Es ist die Angst, die sie gemeinsam haben, es ist die gemeinsame Angst, in der sich keine soziale Gerechtigkeit einstellen kann. Wer diese Angst aber hat, also jeder, ich so sehr wie Sie, ist gefährdet, ist anfällig für alle möglichen Formen von Gift, das unsere Wahrnehmung einigermaßen glücklich verzerrt. Und das ist verheerenderweise das Einzige, das uns alle gleich macht.

Was ich Ihnen also in Erinnerung rufen will, ist nichts anderes, als das Giftige dessen, was wir Normalität nennen, den Suchtcharakter, den sie produziert. Und nicht zuletzt, dass ebendies eine Kunstwelt ist, aus der keiner flüchten müsste, der ein Bedürfnis nur nach einer Kunstwelt hat. Es ist die Aporie der Kunst, dass sie in Opposition zu dieser Kunstwelt auch nichts anderes anzubieten hat als eine Kunstwelt. Und diese Verdopplung wurde immer wieder mit Mimesis verwechselt, also mit der Kunst der Nachahmung, just dies ist aber keine Kunst, sondern das Verhängnis der Realität selbst. Jeder ahmt den Nächsten nach, mittlerweile sogar den Fernsten, auf eine Weise, die bereits sogar dem Unglück einen Anschein des Lächerlichen gibt. Gibt es etwa in Wien, Linz oder Bludenz keine andere Jugendkultur als eine solche, die sich teuer die Insignien der Jugendkultur kauft, die vor zwanzig Jahren im Elend der Bronx entstanden sind? Das gehorcht nicht einmal mehr der Logik der Globalisierung, sondern nur noch der Logik des Elends, das so massiv ist, dass es jegliche Fantasie und selbst das Minimum einer je eigenen Kreativität völlig ausgelöscht hat.

Kinder sagen die Wahrheit, sagt man. Das stimmt. Sie sagen die Wahrheit über ein Elend, das weit über sie selbst hinausreicht. Die Eltern sind verzweifelt wegen der Markensucht ihrer Kinder, aber nicht, weil diese Markensucht eine Sucht ist, sondern weil die Marken so teuer sind. Aber selbst dies ist ein Selbstbetrug, denn ohne Zweifel würden die Eltern ihren Kindern zuliebe sogar zu den Mitteln der Beschaffungskriminalität greifen, wenn sie in ihren Kindern, so wie sie es gerne behaupten, sich selbst erblicken könnten. Aber sie tun das gar nicht. Sie betrügen sich selbst, wie es alle Süchtigen tun, dulden in ihrer Sucht nicht die Einsicht in ihre Sucht und kennen keine Solidarität mehr mit ihren Nächsten, nicht einmal mit ihren Allernächsten. Sie haben die Erfahrung, dass ihre eigene Sucht viel wichtiger ist und viel billiger zu haben ist als die ihrer Kinder. Nämlich ihr süchtiges Funktionieren, das kostet nichts, das scheint viel mehr etwas zu bringen. Nämlich Einkommen und Anerkennung. Ihr eigener billiger Konformismus ist so billig, dass sie nicht begreifen, dass sich ihr Nachwuchs mit seiner teuren Markensucht genau darauf vorbereitet.

Eigentlich wollte ich über mein eigenes Suchtverhalten

schreiben, es zu erklären oder zumindest selbst zu verstehen versuchen. Ich wollte bloß vorher das Bühnenbild hinstellen, vor dem meine Selbstdarstellung erst ihren Sinn ergibt, den Kontext, in dem sie verständlich wird, aber dann hat sich gleich das Bühnenbild zu bewegen begonnen, und die große Bühnentechnik ist immer stärker als der Unbefugte, der auf die Bühne springen will. Die große Theatermaschinerie, die sich Welt nennt, hat so viele Kulissen vorgeschoben, dass ich gleich wieder von der Bühne gedrängt wurde beim Versuch, sie zu betreten und mit meiner Selbstvorstellung zu beginnen, und das ist eben auch das Schicksal des Künstlers: Er will Ich sagen und ist weggeschoben worden und in den Souffleurkasten gefallen. Da sitze ich jetzt und kann Ihnen, die Sie sich so viel gekonnter im Kulissengeschiebe bewegen, nur zuflüstern:« Ich bin süchtig.« Aber ich bin nun der Souffleur, und Sie müssen das wiederholen: »ICH BIN SÜCHTIG.« Lernen Sie Ihren Text. Sie sagen doch sonst so gerne, was man Ihnen vorschreibt, beschreiben sich so gerne mit den Worten, die man Ihnen vorsagt. Beginnen Sie doch einmal über Ihr Leben nachzudenken, indem Sie von diesem Satz ausgehen. »Ich bin süchtig.« Wonach? Nach einer Scheinwelt, in der der Sachverhalt erträglich wird, dass keiner von uns und erst recht nicht wir alle zusammen eine glückliche Welt bauen können. Sie täuschen sich, wenn Sie glauben, dass Sie nichts tun, was Sie kaputt macht. Was Sie tun, macht Sie und verheerenderweise auch andere kaputt. Nur langsamer, als es bei bewusster und konsequenter Selbstzerstörung der Fall wäre. Im Grunde wissen Sie es auch, denn Sie sind Teil eines Gemeinwesens, das genau diese Entscheidung getroffen und zum Gesetz gemacht hat: nämlich nur jene Drogen zuzulassen, die langsam töten, und jene Drogen zu verbieten, die schnell töten. Aber nicht einmal dies, dieser vernünftige Aufschub ist der Grund für Ihre Entscheidung, sondern letztlich die Aggression, die in Ihrem eigenen Elend schwelt. Woher diese Aggression? Weil Sie unausgesetzt funktionieren müssen, auf eine so elende Weise, dass Sie sich ununterbrochen betäuben, Ihre Selbstreflexion herunterdimmen, Ihre Gefühle anästhesieren, Ihre Handlungsfähigkeit beschränken müssen, um zu ertragen, dass Sie funktionieren müssen.

Es gibt ein Drogenproblem, das von der Polizei und von Gerichten nicht verfolgt wird. Sie haben dieses Problem. Sie haben es, weil Sie eben nicht verfolgt werden wollen, nicht einmal geschmäht oder kritisiert. Sie funktionieren so willenlos, als wären Sie betäubt, und ich sage Ihnen, Sie sind betäubt. Sie können nicht Nein sagen, auch wenn Ihr Nein nicht mit Folter oder Tod bestraft wird, wenn Zivilcourage nicht Ihr Leben in Gefahr bringt. Wenn Sie jetzt schon nicht Nein sagen können, es nicht wagen, obwohl es gefahrlos ist, wann werden Sie Nein sagen? Wann werden Sie zum Beispiel Zivilcourage aufbringen? Wenn es gefährlich ist? Wie kann ich mich auf Sie verlassen? In Ihrer Mitte glücklich werden? Mich sicher fühlen? Muss ich mich selbst da nicht besser betäuben?

Glück, geglücktes Leben, das sagt sich so leicht. Aber wir müssen es immer wieder sagen vor den Kulissen, die wir aufgebaut haben, und mit Blick auf den Fluchtpunkt, von dem ich eingangs gesprochen habe. Ich selbst hatte zweimal Glück in meinem Leben – also Glück, das in diesem Zusammenhang erwähnenswert ist. Das erste Mal alleine durch meine Geburt. Da waren liebevolle Eltern, da war Friede nach zwei mörderischen Kriegen, da war bereits so etwas wie Wohlstand, auch wenn er, gemessen an dem, was heute als Wohlstand gilt, lächerlich erscheinen mag. Und es herrschte, das war neu, ein Konsens dahingehend, dass selbst einer wie ich eine gute Ausbildung erhalten soll, dass einer wie ich studieren darf. Das war ursprünglich nicht vorgesehen, aber nun war es möglich. Ich hatte Glück, und es zeigt, man muss Glück immer in seiner sozialen Dimension begreifen. Eben deshalb gibt es keine Garantie, dass das Glück dann auch individuell funktioniert. Weshalb ich ein zweites Mal Glück haben musste. Plötzlich nämlich war es da, beim jungen Herrn Doktor mit seiner Zukunft: ein Glühen, ein Brennen, ein Schmerz, das den Grund, auf dem ich mich befand, zu verdrehen schien wie dürre Bretter – und es sind dürre Bretter. Daraufhin habe ich mit allen harten Drogen experimentiert, derer ich damals habhaft werden konnte. Ich wollte Bewusstseinserweiterung, ich wollte ein antibürgerliches Leben. Rechtfertigung finden wir, wie Sie wissen, für alles. Bis ich eines Tages in einem Spital aufwachte. Ich war gerettet. Ich habe Glück gehabt. Aber Glück müssen wir, wie schon gesagt, in seiner sozialen Dimension begreifen, und dieses zweite Glück ist nur mein Glück alleine gewesen. Die Welt aber, die soziale Realität, die das Glühen und Brennen, das schnelle oder langsame Verzehren produziert, war ja deshalb noch lange keine andere, wird eher noch länger keine andere werden.

Mittlerweile ist der allgemeine Wohlstand größer geworden, aber die Bildungschancen werden wieder schlechter. So schlecht, dass man als sensibles Gemüt zumindest zwei Liter Wein braucht, um überhaupt das Wort Chance in diesem Zusammenhang ertragen zu können. Durchgeschleust werden durch Ausbildungsfabriken, ohne die Chance, auf einen Gedanken zu kommen, eingeübt zu werden auf bloßes Funktionieren unter dem Titel Praxisbezug, Bezug auf eine Praxis, die zu verstehen schon nicht mehr Bestandteil der Ausbildung ist. Wie muss es erst sein, das Glühen und Brennen der Menschen, die nicht mein Glück haben, sondern bloß ihres? Welche Drogen müssen sie nehmen, um Ihr Elend zu betäuben, aber auch ihre Mitleidsbegabung. Wir wissen es, aber wir tun es: es hinnehmen. Das Problem all unserer gesellschaftlichen Techniken, das Leid zu betäuben, das unser gesellschaftliches Leben produziert, ist, dass als Kollateralschaden auch unsere Gabe, Mitleid empfinden zu können, beschädigt wird. Es wird durch Sentimentalität und Rührseligkeit ersetzt, denn irgendein Ventil brauchen wir immer. Menschen, die nicht unser Glück hatten (ich setzte jetzt einmal diese Gemeinsamkeit voraus: unser Glück), werden wie Kriminelle behandelt oder wie etwas Unappetitliches gemieden, obwohl sie doch nur denselben Appetit auf das Leben haben wie wir. Asylsuchende zum Beispiel, Menschen also, deren Sucht wirklich reines Suchen ist, aber die meisten verstehen das nicht, die für Opfer in fernen Weltgegenden selbstverständlich spenden, von Fernsehbildern sentimental berührt, Fern-seh-bilder, die nahen aber rühren sie nicht. Im eigenen Haus wollen Sie nur ihre eigenen Kitschbilder aufhängen, unter denen Sie dann sitzen und nicht verstehen, warum es so unbehaust ist.

Sie sind gefährdet, meine Damen und Herren. Gehören Sie zu denen, die die Gabe zum Mitleid erst dann in sich entdecken, wenn Sie den eigenen Krebsbefund in der Hand halten? Das Mitleid mit sich selbst, das dann erst recht alles betäubt, was Mitleid bedeutet, weil es nur noch Ausdruck einer verzweifelten Aggression gegen alle anderen ist, die noch nicht ihr Ablaufdatum aufgeprägt bekamen, immer wieder formuliert in der Frage: Warum gerade ich? Die Antwort hat jeder längst gegeben, der sein ganzes Leben lang »Ich, gerade ich« gesagt hat, im Ich-Sagen identisch mit jedem anderen, ohne sich fragen, worin sich denn entfaltete Individualität wahrhaftig erwiese. Dann ist die letzte Chance dahin, Glück als soziales zu erleben und die Kulissen des Lebens umzustoßen, um die Maschinerie dahinter sehen zu können. Stehen Sie auf und versuchen Sie, diesen Fluchtpunkt in den Blick zu bekommen, ein Gefühl für die Perspektive zu entwickeln, und pflegen Sie Ihr Mitleid, noch bevor Sie es nur als Selbstmitleid kennenlernen.

Oder wollen Sie wirklich damit zufrieden sein, so lange, wie es nur geht, auf der Lebensbühne einen schlechten Schauspieler abzugeben, der nur dies gelernt zu haben scheint: Merk dir drei Sätze und stolpere nicht über die Kulissen!

Kritik der Sonntagsrede

Sehr geehrte Damen und Herren!

Unlängst war ich der Nachbar eines Toten. Und er hat nach mir gegriffen.

Es geschah während eines Flugs von Sao Paulo nach Amsterdam, mitten in der Nacht, die Bordbeleuchtung war ausgeschaltet, die meisten Passagiere schliefen oder versuchten zu schlafen. Plötzlich begann mein Sitznachbar zu hecheln. Ich hatte nur gedöst und öffnete sofort die Augen. Der Mann neben mir keuchte, er hechelte, wenn auch sehr verhalten, immer schneller, stöhnte. Er hatte sich mit der fadenscheinigen Flugzeugdecke zugedeckt, unter der nun sein Körper zuckte, dieses Heben und Senken unter der Decke und dazu das Hecheln – ich dachte: Mein Gott, der Wahnsinnige neben mir onaniert!

Ich wollte aufstehen, meinen Platz fluchtartig verlassen, da schlug er seine Hand unter der Decke hervor und griff nach meinem Arm. Ich hatte noch nie einen so harten Klammergriff gespürt. Plötzlich hatte der Mann weißen Speichel auf den Lippen, sein Blick war starr nach oben gerichtet, hinauf zum Rauchverbot- und Anschnallzeichen. Dann hörte er zu hecheln auf.

Der Mann war tot. Das alles ging sehr schnell. Mir wurde gesagt, dass der Mann keine Chance gehabt hätte, auch wenn ich schneller begriffen hätte. Dreißig Sekunden, länger hatte das Keuchen wohl nicht gedauert. Heute wundere ich mich darüber, dass ich nicht schrie, nicht sofort nach der

Stewardess oder einem Arzt rief. Ich saß starr da, atmete gepresst, sah den Mann an und dann wieder seine Hand auf meinem Unterarm. Es wäre mir peinlich gewesen, Aufsehen zu erregen und das Flugzeug in Aufruhr zu versetzen. Peinlich. Heute frage ich mich, ob dieses gepresste, missverständliche Keuchen der Versuch dieses Mannes selbst war, kein Aufsehen zu erregen. Vielleicht hatte er geglaubt, dass das, was er in seinem Körper, in seinem Herz spürte, vorbeigehen würde, wenn er es irgendwie niederkämpfte, statt nach Hilfe für seinen Kampf zu rufen. Ich bin kein Arzt, ich weiß nicht, was ein Mensch in dieser Situation noch tun oder denken kann.

Schließlich drückte ich den Rufknopf nach der Stewardess, und als sie kam, sagte ich so ruhig und sachlich, als würde ich die Uhrzeit sagen oder einen Drink bestellen: »Pareçe que o senhor aí faleceu!« Es scheint, als wäre dieser Herr gestorben.

Der Schein ist das Sein. Alles Weitere geschah sehr schnell, sehr diskret. Kaum ein Passagier hat etwas gemerkt. Ich weiß nicht, wo der Tote dann versteckt wurde. Ich habe später erfahren, dass Passagiere, die während des Flugs sterben, in der Regel einfach in die Erste Klasse gesetzt werden, sozusagen posthum upgegradet. Weil dort der meiste Platz ist. Ich weiß es nicht, ich habe den Nachbarn nicht mehr gesehen.

Ich habe keine weitere Erinnerung mehr an diesen Flug – nur noch daran: Nach der Ankunft, bereits im Zug vom Flughafen Schiphol nach Amsterdam Centraal, fiel mir ein, dass ich mich doch in der Ankunftshalle hatte umsehen wollen, ob da jemand steht, der auf diesen Mann gewartet hat. Ich hätte ihm oder ihnen sagen können, dass ich der Letzte war, mit dem er gesprochen hat, ja ich hatte mir sogar letzte Worte ausgedacht, damit ihnen doch etwas blieb von dem Mann, auf den sie vergeblich warteten (wirklich? Oder phantasiere ich das jetzt?) – aber ich hatte es vergessen! Das erzählte ich am Abend desselben Tages einem Amsterdamer Freund, der antwortete: Auf den hat höchstwahrscheinlich keiner gewartet, das war ziemlich sicher ein Transitpassagier!

Warum erzähle ich das jetzt Ihnen?

Nun, ich wurde eingeladen, vor Ihnen eine Sonntagsrede zu halten. Soweit ich sehe: vor lauter Sitznachbarn. Aber bitte glauben Sie jetzt nicht, dass ich den beliebten Reden-Topos »Es ist alles lächerlich, wenn wir an den Tod denken« variiere, das wäre eine Verwechslung. Es ist Verwechslung genug, dass ich eingeladen wurde, hier und heute zu reden.

Als ich angerufen und gefragt wurde, ob ich bereit wäre, eine Festrede zur Eröffnung des Brucknerfestes in Linz zu halten, fragte ich verblüfft: Wieso ich? Worüber soll ich da reden?

– Sie können sagen, was Sie wollen (antwortete mir eine fröhliche Stimme), mit nur zwei kleinen Einschränkungen!

– Und die wären?

– Nichts über Bruckner und nichts über Linz!

Nun kann man schwerlich die Einladung ablehnen, zu sagen, was man sagen will. Und die Einschränkungen sind nicht sehr dramatisch, ich möchte in meinem Leben nie größere haben.

Andererseits: ich mache jeden Tag nichts anderes als zu sagen, was ich will, zu schreiben, was ich will, und es zu veröffentlichen. Ich versuche jeden Tag nichts anderes, als laut, das heißt eben öffentlich, nachzudenken, worüber nachgedacht werden muss, und zu erzählen, was ich erzählen kann.

Manchmal habe ich eine Krise, manchmal bin ich sprachlos – und wenn ich dann nicht sagen kann, was ich will, dann liegt es nicht daran, dass ich nicht eingeladen wurde.

Wenn ich also jetzt hier vor Ihnen stehe, dann ist das ein tautologischer Akt: Ich soll hier tun, was ich immer tue – sagen, was ich sagen will. Gleichzeitig aber, und das ist das Perfide dieser Situation, hebt sie das, was ich immer tue und tun will, einfach auf: Sie haben eine Erwartung, und ich erfülle diese Erwartung. Und das wiederum ist genau das Gegenteil dessen, was ich immer tue und tun will. Es ist nicht mein Interesse, und ich habe es nie als meine Aufgabe verstanden, Erwartungen zu erfüllen und die Welt in ihrem So-Sein zu bestätigen.

– Dann sagen Sie doch etwas Kritisches!

Aber wenn Sie genau das von mir erwarten? Das tun Sie doch! Es fällt unter dasselbe Verdikt! Es bekommt sofort etwas Salbungsvolles, wenn ich die Differenz zwischen schönen Idealen, die sicher auch die Ihren sind, und der Realität kritisch abschreite, Sie würden dies als eine Levitenlesung hinnehmen, zu der sie nicken können – es ist genau das, was man von einer Sonntagsrede erwarten kann. Oder aber ich kann Sie offensiv kritisieren, die Provokation suchen, Dinge sagen, die Sie nicht gerne hören, Wahrheiten, die Sie nicht akzeptieren können, denn wenn Sie sie akzeptieren könnten, dann hätten Sie längst Konsequenzen gezogen und nicht auf diese Rede gewartet – und Sie werden mir höflich zuhören und dann sagen: Genau das war ja zu erwarten: Der Idealist wirft den Pragmatikern vor, dass sie keine Idealisten sind! Aber was wäre die Welt ohne uns Pragmatiker? Und die Welt ist, wie sie ist und einmal mehr bestätigt – durch eine Sonntagsrede, wie sie zu erwarten war.

Das heißt: was immer ich bei einem Anlass wie diesem sagen kann, es wird zur salbungsvollen Affirmation, unter dem Vorwand, dies sei mein tägliches Geschäft. Aber genau das ist es eben nicht! Ich bin meinem Selbstverständnis und Anspruch nach die Axt und nicht die Salbe. Und selbst wenn ich das klarmache, nehmen Sie die Axt noch als billige Metapher, die es Ihnen erspart, der Zimmermann zu sein, der die kritisierten Verhältnisse umbaut.

Die perfideste Aporie in diesem Zusammenhang ist folgende: Wenn ein Dichter, im buchstäblichen Sinn des Begriffs ein »Freigeist«, dafür auffällig geworden ist, dass er frei und laut denkt und Öffentlichkeit findet für seine Reflexion der öffentlichen Angelegenheiten, dann wird er nicht nur eines Tages dazu eingeladen, Festreden zu halten, in denen er auf erbaulich verstörende Weise vorführen soll, was sein Geschäft ist, nämlich zu sagen, was er sagen will, er wird auch sofort zum Metzger gemacht. Dann heißt es nämlich immer auch: Warum sollen wir das jetzt so besonders ernst nehmen? Warum eigentlich soll ein Dichter in Hinblick auf gesellschaftliche und politische Fragen eine qualifiziertere Meinung haben und Relevanteres sagen können als etwa ein Metzger? Oder ein Installateur, ein Bankbeamter, ein Lehrer oder ein in der Privatwirtschaft erfolgreicher Manager? Es werden, wenn diese Frage gestellt wird, jedes Mal alle möglichen Berufe genannt, eigentümlicherweise aber immer der Metzger. Als wäre er das ideelle Mittel aller Berufe in der arbeitsteiligen Gesellschaft. Als wären wir alle letztlich Verwurster.

Immer wieder dieses langweilige Spiel – zuerst wird gerufen: Wo sind sie denn, die Intellektuellen? Warum sagen sie denn nichts? Und wenn sie etwas sagen, dann heißt es: Warum nimmt er sich so wichtig? Warum soll die Kritik des Künstlers relevanter und maßgeblicher sein als das, was ein politisch einigermaßen interessierter Metzger sagen kann?

Bevor ich Weiteres sage, möchte ich Ihnen erklären, was den Dichter vom Metzger unterscheidet. Sie werden auch dazu nicken können, aber Sie werden vielleicht doch einen Gedanken mitbekommen, den Sie nicht erwartet haben.

Ein Metzger ist in der Regel ein Kleingewerbetreibender. Er hat die Interessen eines Kleingewerbetreibenden und beurteilt die Welt danach, wie gerecht sie sich zu Kleingewerbetreibenden und hier im Besonderen zu Metzgern verhält. Die Menschenrechte und alle schönen politischen Ideen sind für ihn Grundlagen seines Rechts, Tiere zu schlachten, zu zerlegen, zu selchen, zu verwursten und mit angemessenem Profit zu verkaufen. Sein Innerstes findet seinen Ausdruck in den Äußerungen der Fleischer-Innung, er wird sich hüten, sich ins eigene Fleisch zu schneiden, und was immer er als aufgeweckter und interessierter Mensch denkt, es ist eine Schnittmenge aus seinen partikularen Sympathien und Interessen und den verallgemeinerten Interessen, wie sie seine Innung und zum Teil auch die Wirtschaftskammer formuliert. Nun sind aber nicht alle Menschen Metzger – das ist sein Glück und zugleich sein Verhängnis. Sein Glück, weil es deshalb viele Menschen gibt, die einen Metzger, also ihn brauchen, daher an seinem Fortkommen interessiert sind, zugleich sein Verhängnis, weil er den Widerspruch zu den Interessen der Nicht-Metzger nicht immer anerkennen kann: die Interessen der Beamten, die ganz anders geartet sind als seine, die Interessen der Arbeiter, die Interessen der Konzernmanager und so weiter. Er ist politisch interessiert. Aber zu welchen Schlüssen wird er kommen? Dass die Beamten und die Manager unfassbare Privilegien haben, während die Politik den Metzgern das Leben skandalös schwer macht. Er ist politisch interessiert? Er hat eine Vorstellung von Gemeinwohl? Er wird letztlich das Gemeinwohl mit der Messlatte des Metzger-Wohls beurteilen. Er wird schon die Messlatte eines Lehrers, die Waage eines Juristen als nicht korrekt geeicht betrachten. Aber er will sein Fleisch allen verkaufen, deswegen schweigt er. Er erklärt alle politischen und gesellschaftlichen Differenzen, die er mit seinen Kunden haben würde oder müsste, zur Privatangelegenheit – also zu einer Angelegenheit in jener Sphäre, in der er keine öffentliche Rolle mehr hat. Aber wenn er könnte, wie er wollte, wenn es nach ihm ginge, dann wäre vieles ganz anders: Die Welt wäre ein Paradies – für Metzger. Und der Apfel wäre wahrlich keine fleischliche Versuchung.

Ich meine das alles nicht verächtlich und respektlos. Im Gegenteil. Ich verstehe das sehr gut, das Streben nach beruflichem Erfolg, nach Anerkennung, nach Durchsetzung der eigenen Interessen, und ich kann auch die politische Kritik des Metzgers nachvollziehen – die im Wesentlichen eine gnadenlose Kritik an allen metzgerfeindlichen Verhältnissen in diesem Land, in der Europäischen Union und im Welthandel ist.

Jetzt spielen wir das Ganze noch einmal durch für den Lehrer, den Beamten, den Bauarbeiter, den Manager und so weiter. Und plötzlich ist die Welt voll von Welten – dennoch haben wir nur eine. Ich denke nicht, dass Sie alle hier Marxisten sind und daher glauben, dass es eine besondere Klasse gibt, deren Interessen die Interessen der Menschheit schlechthin repräsentieren, und dass also durch eine Diktatur dieser Klasse alle gesellschaftlichen Widersprüche gelöst werden können. Wenn Sie mir also nicht mit dem Proletariat kommen wollen, dann hören Sie bitte auch auf, in den Interessen und Bedürfnissen aller anderen Klassen, Stände, soziologischen Gruppen etwas anderes zu sehen als sehr partikulare Bedürfnisse und sehr individuelle Interessen.

Die Frage ist jetzt vielmehr, ob es in der Welt der individuellen Interessen doch auch Individuen gibt, die zumindest theoretisch die Möglichkeit haben, die Welt ohne Klassen-, Standes- und Schichtinteressen zu sehen, und die Chance, das, was sie tun und denken, öffentlich so zu kommunizieren, dass es über alle soziologischen Grenzen hinweg von allgemeinem Interesse ist.

Der Einzige, der auf Grund seiner Lebens- und Produktionsbedingungen die Möglichkeit dazu hat, ist der Künstler, der freie Geist, der frei ist von allen Abhängigkeiten und Zwängen, wie sie für alle anderen Berufe gelten. Er kann alle möglichen Interessen haben, aber sie können nie bloß auf Standesinteressen zurückgeführt werden. »Künstler« mag ein Beruf sein, zugleich sind »die Künstler« keine Berufsgruppe im herkömmlichen Sinn – weil keiner sein will wie ein anderer (darum unterscheiden wir ja zwischen Künstlern und Epigonen), und nur in seiner radikalen Einzigartigkeit kann er tun, was er tut. Zugleich aber hat er für sein Tun kein anderes Material zur Verfügung als das Allgemeinste, die Sprache, die Farben, die Töne, buchstäblich *alle möglichen* Informationen, *alles mögliche* Material, dem Anspruch nach die Welt.

Ich behaupte nicht, dass der Künstler gleichsam mit existentiellem Automatismus imstande ist, die einzig gültigen Aussagen über unsere Lebensrealität zu liefern. Er muss auch das Interesse daran haben, das Temperament, die neurotische Energie, die es braucht, um sich der Häme auszusetzen und sie zu ertragen, und dann noch eine Reihe anderer Voraussetzungen, die es ermöglichen, dass er wirksam werden kann. Natürlich kann er auch grotesk irren – aber selbst diese Irrtümer können produktiver sein als die kleinen Wahrheiten, die nicht über den Tag hinaus wahr bleiben.

Ich rede nur von den Bedingungen der *Möglichkeit*.

Der Künstler verarbeitet die Welt. Der Metzger verarbeitet Fleisch. Und das ist der Unterschied.

Nur damit da kein Missverständnis aufkommt: Ich bin kein Vegetarier. Ich liebe Steaks. Und deshalb liebe ich die Meister dieses Fachs. Aber der »Metzger« ist an diesem Punkt unserer Diskussion längst schon zur Metapher geworden – für jeden, der bleiben muss, was er ist, wenn er nicht die Mittel zum Leben verlieren will. Der Künstler kann morgens ein Gärtner sein, mittags ein Bürgermeister oder nachmittags ein Metzger, er kann immer etwas anderes sein, auch ein Kind oder das andere Geschlecht. Er kann, wenn er es verstehen und verarbeiten will, sogar ein Faschist sein – ohne je einer wirklich zu werden. Der Metzger aber ist manchmal nicht einmal der Metzger – der er zu sein glaubt. Er glaubt zum Beispiel, dass er, als Unternehmer, die Partei wählen muss, die politisch die Unternehmerinteressen vertritt. Diese Partei hat aber schon längst, aus wirtschaftspolitischen Erwägungen (andere will ich hier gar nicht unterstellen) die Entscheidung getroffen, die große fleischverarbeitende Industrie, die Ketten, die global agierenden Konzerne zu vertreten – die den lokalen Metzger verdrängen und umbringen. Er ist also Metzger – und für seine eigene politische Vertretung doch keiner, der wirtschaftlich bedeutend genug ist. Kann »unser« Metzger das verstehen? Ohne unzulässig verallgemeinern zu wollen: Ich fürchte, nicht einmal der Pferdefleischhauer von Robert Musils »genialem Rennpferd« wird anders als mit Ressentiment reagieren.

Wird er zu Schlüssen oder Einsichten kommen, die zumindest die Wahrheit eines »ideellen Gesamtmetzgers« sind, oder eher doch nur zu denen eines kleinen, lokalen Metzgers, im Grunde eines alleingelassenen Mannes, der nicht um die Wahrheit, ein Bild von der Welt, den Ausdruck der Gattung in ihrer Zeitgenossenschaft kämpft, sondern schlicht und verständlich um sein eigenes ökonomisches Überleben?

So, und jetzt stellen wir uns Folgendes vor: Sie alle hier sind Metzger. Und Sie wurden von der Metzger-Innung oder Ihrer Partei, die Sie zwar schon längst im Stich gelassen hat, aber sich natürlich noch immer um Sie bemüht, eingeladen, hier Kulturgenuss zu erleben, Hochkultur, hoch subventioniert, im Namen eines toten Künstlers, also hoch über jeden Zweifel erhaben, und da steht ein lebender Künstler, der eine Sonntagsrede zur Eröffnung des Kulturfests halten soll. Er darf sagen, was er will. Aber er ist kein Metzger. Er ist alles Mögliche nicht, darum kann er alles Mögliche sein. Deshalb spricht er über Dinge von allgemeiner Bedeutung. Über Phänomene, die ihn als kritischer Zeitgenosse beschäftigen. Und er soll ja etwas Kritisches sagen, weil erwartet wird, dass er das will. Und so spricht er zum Beispiel über den Skandal, dass diese Republik einen Parlamentspräsidenten hat, der offen mit dem Nationalsozialismus sympathisiert. Er erklärt, warum dieser Skandal noch um ein Vielfaches größer ist, als es die sogenannte »Waldheim-Affaire« gewesen war. Kurt Waldheim war kein Nazi und kein Unterstützer der rechtsextremen Szene, kein Förderer der Holocaustleugner und kein Wiederbetätiger. Er war ein Mitläufer. Ein Opportunist, der in höchste Ämter mitgelaufen ist. Vielleicht auch ein Lügner, obwohl das dramatischer klingt, als es war: Er war wohl eher ein Verdränger. Er war mehrheitsfähig, weil es in diesem Land ausreichend Verständnis für Opportunisten gibt, die, wenn die Opportunitäten sich ändern, andere werden und dann eben wollen, dass ein Schlussstrich gezogen wird. Und wenn der Schlussstrich höchstes Symbol des Staates ist, dann fühlen sie sich mit einigem Recht repräsentiert – aber unter dem Strich sind sie eben keine Rechtsextremen, sondern das, was sie genauso wie ihr Präsident geworden sind: andere. Mit Martin Graf verhält es sich ganz anders. Zum ersten Mal ist ein Politiker in eines der höchsten Staatsämter gewählt worden, der ganz offen noch immer mit jener verbrecherischen Ideologie sympathisiert, gegen die unsere Republik gegründet wurde. Er ist kein Waldheim, der so radikal Schluss machen wollte mit der Geschichte und so konsequent nichts mehr mit ihr zu tun haben wollte, dass ihm Vergesslichkeit vorgeworfen wurde. Für Graf ist »Niemals vergessen« ein Synonym für die Treue, niemals die Nazi-Ideologie zu vergessen. Und er wurde, anders als Waldheim, nicht von der Mehrheit der Bevölkerung, die einfach nichts mehr hören wollte von der Nazi-Zeit, in sein Amt gewählt, sondern von Repräsentanten der staatstragenden Parteien, zum Beispiel geschlossen vom Klub der ÖVP-Abgeordneten – die genau wussten, welche Ideologie Herr Graf vertritt und dass er damit eben nicht Schluss machen wollte. Hier haben die staatstragenden Parteien den Staat, Abgeordnete der Republik die Republik auf eine Weise beschädigt, die sie selbst ganz offensichtlich nicht begreifen. Und es gibt keine Konsequenzen.

Warum nicht?

Dann spricht der Dichter in seiner Sonntagsrede weiters darüber, dass man das vielleicht alles nicht so eng sehen dürfe, sondern die große Entwicklung im Auge behalten müsse: Unser Staat geht auf in einem größeren Zusammenhang, dem Zusammenwachsen des Kontinents, einem faszinierenden Friedens- und Wohlstandsprojekt, in einer wunderschönen konkreten Utopie. Aber dann macht er doch, weil ihn das beschäftigt und es uns alle betrifft, auf die demokratiepolitischen Defizite dieser Entwicklung aufmerksam, die mit dem sogenannten »Lissabonner Vertrag« nicht ausgeräumt, sondern vielmehr in Stein gemeißelt werden (und er erklärt das auch, jedenfalls), er fragt nach, wie viele Phrasen dieses Projekt noch verträgt, ohne zu ersticken. Wie oft noch Friede gesagt werden kann von jenen, die Belgrad bombardiert haben – eine europäische Stadt – oder die europäische Truppen geschickt haben in den völlig sinnlosen Krieg, den eine nicht europäische Macht vom Zaun gebrochen hat. Oder wie oft noch Wohlstand gesagt werden kann von jenen, die den Wohlfahrtsstaat abbauen, und wie oft noch Sicherheit gesagt werden kann, von jenen, die die Idee der Grundsicherung nicht begreifen, aber im Ernst (in buchstäblich tödlichem Ernst) glauben, dass »unsere« Sicherheit davon abhängt, wie gut Flüchtlinge in den Tod getrieben werden können. Wie oft noch Freiheit gesagt werden kann von jenen, die die Freiheit der Menschen sogenannten Sachzwängen unterwerfen – um nur die Freiheit der Konzerne zu befördern?

Sie reden von Demokratie und glauben, dass sie existiert, wenn man sie behauptet. Sie behaupten Demokratie und entwickeln ein System, in dem Grundprinzipien der parlamentarischen Demokratie keine Gültigkeit mehr haben. Sie unterstellen jedem nachdenklichen Europäer, der kritische Einwände vorbringt, ein Nationalist zu sein, haben aber selbst kein Problem mit Nationalsozialisten. Sie wählen sogar einen zum Präsidenten eines Parlaments, das sie dadurch beschädigen, während sie von einer Demokratie reden, die sie zugleich durch den »Lissabonner Vertrag« definitiv abbauen. Sie wiederholen unablässig den Satz »Ich bin ein glühender Europäer«, als hinge das Befinden eines Kontinents von den Höchstwerten ihrer Fieberkurve ab. Wie lange noch diese Phrasen?

Warum ist Martin Graf kein Skandal? Und warum kann über demokratiepolitische Defizite der Europäischen Union nicht diskutiert werden, ohne dass sich sofort ein Sumpf auftut, aus dem die Blasen der Populisten aufsteigen, mit denen kein denkendes Gemüt sich gemein machen will, während die »glühenden Europäer« der »Europa-Partei« einen Nationalsozialisten zum Parlamentspräsidenten wählen, um sich die National-Populisten als »politische Option« zu erhalten? Und was ist schon die Niedertracht dieser politischen Option gemessen am Verrat an den Menschenrechten, wenn dadurch Wirtschaftschancen am Weltmarkt gewahrt werden können? Warum ist es kein Skandal, wenn unsere politischen Repräsentanten die Mörder vom Tiananmen-Platz hofieren oder wenn sie eine Demokratie-Bewegung im Iran im Stich lassen? Ist der Zugang zum großen chinesischen Markt wichtiger als die Menschenrechtsdeklaration? Ist der Zugang zu den iranischen Ölfeldern wichtiger als die Demokratie?

Menschenrechte, Demokratie, Antifaschismus – Phrasen! Und es ist kein Skandal, Phrasen immer wieder im Munde zu führen, sie dann aber in der Praxis nicht unbedingt ernst zu nehmen.

Aus einem einfachen Grund. Sie hier sind Metzger – und das alles betrifft Sie nicht wirklich. Meinen Sie. Was macht es denn für einen Unterschied für Sie, ob Martin Graf Parlamentspräsident ist, oder ein anderer? Was ändert sich für

Sie? Haben Sie mit oder ohne Graf mehr oder weniger Kunden, besseres oder schlechteres Fleisch? Werden Ihre Kreditzinsen reduziert, wenn Sie gegen Graf protestieren? Wird das Fernsehprogramm besser, wenn Sie Druck auf Ihre Partei ausüben, um Graf abzusetzen? Behandelt Sie dann der Oberkellner Ihres Cafés freundlicher? Würde ein Kampf gegen Martin Graf zu größerer Anerkennung in Ihrem Freundeskreis führen? Na eben.

Und: demokratiepolitische Defizite in der EU – für Sie ist *das* eine Phrase. Sie kennen doch jemanden in der Innung. Und alles andere ist sehr komplex. Was macht es für Sie für einen Unterschied, ob das europäische Parlament nur diese oder doch mehr Rechte hat? Sie lesen in der Zeitung, womit Sie leben müssen, und Sie versuchen, Ihr Leben unter den je gegebenen Bedingungen zu machen. Immer so, wie Sie gerade müssen. Und wenn es schiefgeht, dann sagen Sie: »die Zeiten« seien schlecht gewesen, die Zeiten, als hätte es in diesen Zeiten keine Menschen gegeben, die vor Ihren Augen falsche Entscheidungen getroffen haben, Menschen, die Sie nicht abwählen konnten, weil es Sie nicht einmal interessiert hat in Ihrem Lebenssystem, warum Sie sich dagegen wehren sollten, dass ein System errichtet wird, in dem Sie die Verantwortlichen nicht mehr wählen und abwählen können. Haben Sie den Rat der EU gewählt? Haben Sie die Kommission gewählt? Na eben. Und die Menschenrechte? Öl ist Ihr Menschenrecht. Ein freier Weltmarkt ist Ihr Menschenrecht. Steht ja in der Zeitung. Alles andere ist bloße Moral in Folge einer vergessenen Geschichte.

Vielleicht hätten Sie dem Sonntagsredner sogar da oder dort zugestimmt, genickt. Dann wieder den Kopf geschüttelt. Und dabei doch auch genickt. Weil das dazugehört zur Sonntagsrede. So wie die Aufforderung Ihres rauchenden

Arztes, mit dem Rauchen aufzuhören. Oder das Cholesterin. Sie wissen es ja, Sie sollten aufpassen. Aber jetzt wollen Sie erst einmal genießen. Weil nach der Sonntagsrede kommt der Genuss.

Darum bricht der Dichter die Sonntagsrede ab. Im Grunde hat er, neben Ihnen, nur kurz gehechelt. Es war zwar das Symptom eines existentiellen Kampfes, aber Sie haben das verwechselt und halten ihn für einen Wichser!

In der Regel ist es zu spät, wenn Sie begreifen.

Er ist ein Transitpassagier.

Posthum wird er upgegradet.

Sie werden in der Ankunftshalle die vergessen, die gewartet haben. Sie haben Ihre eigenen Sorgen.

Deshalb will ich Ihnen heute nichts anderes sagen als das, was man sinnvollerweise in einer Sonntagsrede sagen kann: Genießen Sie den Sonntag, genießen Sie das Erbe eines toten Künstlers – aber nehmen Sie dies als letzte Worte mit: Hören Sie auf Ihre lebenden Künstler während der Woche!

Die Wiener Vorlesungen zu den Wissenschaften vom Menschen im Suhrkamp Verlag

Das Institut für die Wissenschaften vom Menschen (IWM) veranstaltet seit dem Jahr 2000 eine Reihe öffentlicher Vorlesungen, in denen herausragende Denker sich mit zentralen Fragen unserer Zeit auseinandersetzen. Die Vorlesungen erscheinen bei ZNAK (Krakau), Harvard University Press und im Suhrkamp Verlag. Auf deutsch liegen vor:

Zygmunt Bauman. Leben in der Flüchtigen Moderne. Aus dem Englischen von Frank Jakubzik. es 2503. 287 Seiten

Ryszard Kapuściński. Der Andere. Aus dem Polnischen von Martin Pollack. es 2544. 93 Seiten

Paul Ricœur. Wege der Anerkennung. Aus dem Französischen von Ulrike Bokelmann und Barbara Heber-Schärer. 334 Seiten. Gebunden

Charles Taylor. Die Formen des Religiösen in der Gegenwart. Aus dem Englischen von Karin Wördemann. stw 1568. 101 Seiten

NF 371/1/2.08

Krista Fleischmann

Monologe auf Mallorca &
Die Ursache bin ich selbst
Die großen Interviews mit Thomas Bernhard

fes 4. 94 Minuten
Booklet mit Essays von
Raimund Fellinger und Krista Fleischmann.
44 Seiten

Einen unfilmischeren Erzähler als Thomas Bernhard kann man sich kaum vorstellen: Er verachtete Details und Beschreibungen, vermied es peinlich genau, mit der Sprache die Möglichkeiten des Bilds nachzuahmen. »Ich schreib' immer nur Begriffe, und da heißt's immer *Berge* oder eine *Stadt* oder *Straßen*, aber wie die ausschauen …« Welchen Mehrwert das Medium Film trotz oder gerade wegen der Bernhardschen Invektivkaskaden haben kann, dokumentieren die beiden langen Interviews, die die Journalistin Krista Fleischmann in den achtziger Jahren auf Mallorca und in Madrid mit ihm führte. Sie zeigen Bernhard, der sich vom Kameramann extra »unkonventionelle Bilder« gewünscht hatte, »die man üblicherweise wegwirft«, von seiner besten, seiner vergnüglichsten Seite: am Hafen, beim Stierkampf und in Cafés. Dabei plaudert er über die Lust und den Tod, über die Unterhosen des Papstes und die Frauen im allgemeinen, über Bach und das Fernsehen – in diesem Fall das spanische: »Und wenn man die Sprache nicht versteht, ist das sehr erholsam, weil man immer mehr hineintut, als sie wirklich aussagen, die Bilder, wahrscheinlich.«